喜马拉雅藏族社会家庭与婚姻研究

〔日〕 棚瀬慈郎 著

旦却加 译

青海人民出版社

图书在版编目（C I P）数据

喜马拉雅藏族社会家庭与婚姻研究 / （日）棚濑慈郎著：旦却加译. -- 西宁：青海人民出版社，2017.4（2020. 6重印）
ISBN 978-7-225-05330-1

Ⅰ. ①喜… Ⅱ. ①棚… ②旦… Ⅲ. ①藏族—家庭—研究—中国②藏族—婚姻—研究—中国 Ⅳ. ①K892.22 ②D669.1

中国版本图书馆CIP数据核字(2017)第115383号

喜马拉雅藏族社会家庭与婚姻研究
（日）棚濑慈郎 著
旦却加 译

出 版 人 樊原成
出版发行 青海人民出版社有限责任公司
西宁市五四西路71号 邮政编码：810023 电话：(0971)6143426(总编室)
发行热线 (0971)6143516 / 6137730
网 址 http://www.qhrmcbs.com
印 刷 青海新华民族印务有限公司
经 销 新华书店
开 本 720mm×1010mm 1/16
印 张 9
字 数 140千
版 次 2017年5月第1版 2020年6月第2次印刷
书 号 ISBN 978-7-225-05330-1
定 价 30.00元

序 言

本书是我于 2008 年向京都大学申请博士学位时的论文，非常高兴也很荣幸该论文被翻译成中文在中国出版，也非常感谢译者旦却加先生。

事实上，我从 1987 年就已经开始了对喜马拉雅藏民族社会的田野调查工作，具体来说是喜马拉雅西部，即喜马偕尔邦与查谟/克什米尔邦的藏民族社会，这项工作我投入了近 20 年的时间与精力。经过长期的田野调查我发现，这些地区虽称为“藏民族社会”，但各地区的环境、经济和历史等都有或多或少的差异。因此，本书对于中国国内研究藏族社会的家庭与亲戚关系等具有比较研究的意义。

无论人类社会如何变化，人们的第一个依赖集团永远是自己的家族。虽然现代化改变了旧家族的形态和技能，但我们要知道，与此同时出现的是新的家族形态与技能。

衷心希望此书能被关注藏族社会的读者所阅读，能为这一方面学者提供研究和参考价值，惟此我将无比喜悦！

棚瀬慈郎

2016 年 12 月 7 日

目 录

第一章 绪 论

第一节 考察地区及本书结构

本书内容主要是对整个喜马拉雅西部藏民族社会诸社区的比较研究。具体地理范围包括：喜马偕尔邦拉胡尔与查谟/克什米尔邦藏斯卡地区和拉达克地区。近代苏联、印度及新中国等国家的成立，使上述地区的政治制度和社会制度发生了明显变化。亚洲大陆的藏系民族居住区域，或以藏传佛教为中心的藏文化影响区域，占有明显的重要位置。

曾统治本书研究地区的王族和领主多为时隔久远的吐蕃王国后裔，当地多数居民使用藏语方言并信仰藏传佛教，社会制度也与中国境内被称为藏文化中心区域的卫藏地区非常相似。虽然在方言的多元性等方面存在非藏族的要素，但就本书研究的地理范围而言，依旧是一项对藏族社会的研究

(后文详述)。即便是同在喜马拉雅域内的藏族社会，彻底贯彻其社会制度时，各地区的社会差异也是不可避免的。

本书主要以家庭和婚姻为研究对象。然而，同在斯皮提地区内沿着斯皮提川流域的社会和其支流榀山谷社会之间也存在相当大的差异。而这与拉胡尔上游区域的藏族社会和被印度文化影响颇深的下游区域之间存在的差异是不可类比的。拉达克和藏斯卡地区也存在上述问题。

因此，本书并非只以呈现关于喜马拉雅西部区域内藏族社会的详细研究成果为目的，而是旨在通过参考和借鉴相关藏族农村社会以往的研究成果，论述喜马拉雅西部区域内藏族社会的类型，考察其是如何在印度共和国的政治、法律和社会等框架中发展而来的。

在喜马偕尔邦与查谟/克什米尔邦地区居住的藏族社会立足于存在较大差异的环境中。比如，在查谟/克什米尔邦地区，在印度共和国成立之前的 1941 年（当时为查谟/克什米尔王国）就已在法律上禁止一妻多夫制。与此相反的是，喜马偕尔邦的藏系民族被认定为指定种族（scheduled tribes），一直在印度婚姻法（Hindu Marriage Acts）的控制范围之外，至今还允许且延续着实质上的一妻多夫制。以上两个地区受到的政策性影响很大，但当地固有的社会结构、居民价值观和伦理观的差异，会影响到社会环境变化的对应方法。笔者在本书中想考察其表面性的变化、固有的社会结构的存在形式、与价值观及伦理观存在的联系和对应，以及如何应对变化等诸问题。下面将简单叙述一下本书大概的结构。

首先，第二章是以藏族村落社会为主题的文化人类学研究，特别提及了与本书有深刻联系的婚姻和家庭经营的问题，并追溯其研究史。以往在对藏族农村社会的研究中，多以一妻多夫制为中心进行论述。因此，笔者在此章节中也围绕一妻多夫制展开，讨论婚姻和家庭及环境等相关问题。

第三章到第五章的主要内容是笔者的田野调查和基于此的事例报告。

第三章的具体内容为关于喜马偕尔邦拉胡尔社会的记述。

第四章论述了喜马偕尔邦斯皮提社会，尤其是家产的继承——斯皮提社会是以“长子继嗣”为原则的社会系统，而此内容在藏族社会相关的研究中，称得上是特殊的研究发现。

第五章阐述了查谟/克什米尔邦拉达克和藏斯卡地区的藏族社会，同邦地区在法律上禁止一妻多夫制，后来却出现了与传统藏族村落社会的家庭经营和继嗣法有着很大差异的现象。

纵观以上几章内容，读者可能会觉得本书对于各藏族社会的记述存在分量和深度方面的不足。这主要是因为对于个别地区笔者的调查时间不够充足，或其他一些问题（像遇到特别好的报道人等)。

在第六章中，首先对卫藏地区（西藏自治区）的属民支配及以往的研究做以概观，然后将调查对象地区相互比较，最后揭示有关喜马拉雅西部藏族社会的类型，论述目前在其社会中出现的一些变化。

田野调查期间，我在喜马偕尔邦拉胡尔地区嘎登村的多杰卡巴家、特诺村的菲玛果玛家和同邦斯皮提地区凯村的夏拉布家，在查谟/克什米尔邦拉达克的斐杨山谷姜马尖村的切培家（家长：诺培)、曲马淌村的群巴家（家长：斯卡藏安多)和同邦藏斯卡萨尼村的索南华旦家都居住过一段时间。

本书调查对象主要为以上家庭成员，以及各村落的居民与僧人等。访谈时使用的语言为英语和藏语。拉胡尔的脱多和斯皮提、藏斯卡、拉达克地区广泛使用藏语，但还是与笔者在达兰萨拉学过的藏语（与拉萨方言相近）有着很大的区别。因为方言的关系，多数调查对象为村里平民组中的成年男子。

本书中还涉及到调查对象地区存在被歧视的群体，如顿巴、嘎拉、柞、别他等群体。遗憾的是，笔者没能与以上被歧视的群体或当事人进行访谈。除此之外，关于性观念的记述内容，笔者也只能与调查对象中的男性进行访谈。本书提及的内容只是这些调查对象所属社会阶层中的一部分，并非受过任何知识的限定而完成的。另外，书中的藏语标记法为Wylie式。

第二节　研究对象——西藏西部的历史

本书研究对象所属地域按照今天的行政区划，分别为印度共和国喜马偕尔邦的拉胡尔和斯皮提地区,查谟/克什米尔邦的拉达克地区、同邦卡吉尔的藏斯卡地区。下面将根据前人的研究成果概述上述西藏西部（中国西藏自治区以拉萨和日喀则为中心而称的西藏西部）地区的历史。

今天藏民族的生活范围几乎与7~8世纪吐蕃王国的范围重叠，这个时期在西藏西部也有藏族人进出。当时的吐蕃王国因一度攻入唐朝之都长安等雄厚的实力所矜夸。然而，到9世纪中期吐蕃王国分裂，王室子孙尼玛贡迁到西部，三个王子分割并继承了西部地区。史书中关于各王子继承之地的记载不尽相同。据《拉达克王统史》记载，长子贝吉衮占据拉达克地区，次子扎西衮占据古格布让地区，幼子德祖衮占据藏斯卡、拉胡尔以及斯皮提地区。

特别是吐蕃王国分崩离析之后，古格王孙致力于佛教复兴运动。当时的大译师仁钦桑波翻译了各种经典，创建了现存于拉达克地区的阿尔奇寺和斯皮提地区的塔波寺。他邀请了超戒寺的名僧阿底峡重整佛教当时松散的教规戒律。而阿底峡的弟子们最终创建了戒律森严的噶当派，后来发展为宗喀巴大师的格鲁派。

15 世纪时格鲁派的影响力不断扩大，在拉达克和藏斯卡地区也创建了格鲁派寺院。16 世纪后期拉达克建立了胜利王朝，其势力扩张到拉胡尔和藏斯卡地区。1612 年即位的森格南杰国王邀请了竹巴噶举派的高僧达仓热巴。这位高僧在调解拉达克政治纠纷方面做出了卓越的功绩，深受王室信赖，由此竹巴噶举派的势力逐渐扩大。在森格国王去世后，其领土被三个王子分割继承：长子德旦南杰继承了拉达克，古格成了次子因陀罗菩提南杰的封地，而藏斯卡和斯皮提地区则由幼子德却南杰继承。

17 世纪以后，格鲁派的达赖喇嘛政权和以竹巴噶举派为国教的不丹王国处于交战状态，而此时的胜利王朝选择支持不丹王国。1679 年，五世达赖喇嘛派噶丹泽旺率领青海蒙古和硕特部出击。蒙古军队打败了拉达克军队，且占领拉达克达三年之久。拉达克王德旦南杰请求莫卧儿帝国的克什米尔总督出兵援助。虽然最终拉达克和莫卧儿联军击败了蒙古军队，但其付出的代价是拉达克王必须成为伊斯兰教徒。由此，拉达克成了莫卧儿帝国的附属国。而这个时期的古格、斯皮提、拉胡尔等地也被陆续瓦解。

不过，从 18 世纪开始莫卧儿帝国走向衰落，西部地区很快脱离了莫卧儿帝国的摆布而恢复独立的状态。19 世纪，在兰吉特辛格的领导下，旁遮普的锡克教徒势力逐渐壮大，其中贾姆穆一个叫古拉伯辛格的道格拉族人（印度教）实现了领土的扩张。1834 年，古拉伯辛格命令部下佐拉瓦辛格进攻拉达克。次年，拉达克沦陷，道格拉军队攻入列城，拉达克再次成为贾姆穆的属国。1842 年，佐拉瓦辛格在一次与藏族军队的作战中战死疆场，当时的道格拉军虽向前线派遣了援军，但战事已经陷入了崩溃。1842 年 8 月，贾姆穆王国与西藏议和并签订协议，在拉达克和阿里之间划定边界。此时的拉达克王也被迫退位，拉达克王国处于亡国之境。

兰吉特辛格死后，旁遮普的辛格教国跟英国军队发生战事（第一次英国锡克战争），由此削弱了实力。与英方合作的古拉伯辛格，在 1846 年将贾姆穆、克什米尔、藏斯卡、拉达克合并成立了查谟/克什米尔土邦。同年，英方为了确保和羌塘高原的交易路线，与古拉伯辛格签订了条约，自此，拉达克和斯皮提一并成为其直辖地。

1947 年印度共和国成立之时，拉达克和藏斯卡被直接编入查谟/克什米尔邦，拉胡尔和斯皮提则被编入旁遮普邦。1960 年，拉胡尔和斯皮提变成一个行政单位，即印度政府指定地区（Scheduled Area）。1966 年，拉胡尔和斯皮提又被编入喜马偕尔邦，延续至今。

第三节　地理及自然环境

喜马偕尔邦的拉胡尔和斯皮提，查谟/克什米尔邦的拉达克和卡吉尔的藏斯卡这些地区，都位于印度共和国的西北部。

拉达克中心地区的列城，位于北纬 32°09′，西经 77°35′。向东南和西北两个方向延伸的山脉与中间的山地构成了此区域特有的山谷。主要的山脉有北方的喀喇昆仑山脉、拉达克山脉、藏斯卡山脉，以及大喜马拉雅山脉。大喜马拉雅山脉的南边为斯皮提/金脑儿群山和拉胡尔群山。

拉达克山脉和藏斯卡山脉中间自东南流向西北的印度河，正是发源于中国西藏自治区境内。当它流经列城西边时越过藏斯卡山脉，与北流的藏斯卡川交汇，在大喜马拉雅山脉南边的拉胡尔，与钱德拉川和巴嘎川在坦迪合流后继续流向西边，在下游汇合成奇纳布河；在拉胡尔东边的斯皮提地区，斯皮提川从西北流向东南，在下游与萨特莱杰川合流。

整个地区为高海拔的山岳地带。列城的海拔为 3 554 米，藏斯卡中心地区帕多穆的海拔为 3 565 米，拉胡尔中心地区柯龙的海拔为 3 350 米，斯皮提中心地区卡扎的海拔为 3 600 米，其中也有高地村落，像斯皮提的克巴路，海拔为 4 200 米。

当地气候干燥寒冷。列城 1 月份最高平均气温为-2.8℃，最低平均气温为-14℃；7 月份最高平均气温为 24.7℃，最低平均气温为 10.2℃。整个地区几乎无雨季影响，极为干燥。列城年平均降水量为 92.6 毫米。

因气候原因，当地人在春季土地解冻后开始耕种，一直到 10 月份才能完成农作物的收割（即一年一收）。夏季也没有太多的降水，所以灌溉设施在当地是不可或缺的。田地多为扇形和靠近水源的平坦之地。主要农作物为大麦、小麦和荞麦。土豆在英国占领时期就已经开始引入，时至今日，人们仍把土豆作为主食的一种或经济作物而广泛种植。近年来，豌豆和蛇麻等经济作物也被广泛种植。在拉达克的印度山谷下游区域（下拉达克）广泛种植着苹果和杏子，尤其是杏子，当地人将其晒干后作为商品在市场上交易。

畜牧业也是非常重要的产业，饲养的家畜有牛、左/左母（牛和牦牛交配的物种）、牦牛、羊和山羊。牛和左母的牛奶可以做酥油、曲拉（奶渣）等。整个地区气候寒冷，当地人一直从事着传统藏式经济生产方式的农耕和畜牧活动。在拉达克东部，即离中国国境相近的居住地（羌人地区）无农耕，畜牧业为其主要生计。拉达克中心地区列城，曾是中亚莎车和于阗交易的必经之地，居住着被称作“阿鲁贡”的穆斯林专业贸易集团等，具有其独特的风格。因此，以列城为中心的整个拉达克王国的经济基础是贸易科税。

第二章　研究史与本书主要论点

第一节　一妻多夫制的跨文化研究

对藏族社会的研究，尤其是对藏族村落社会的研究，一直都是以对一妻多夫制的研究，主要是对兄弟共妻型（fraternal polyandry）一妻多夫制的研究所引导的。首先，概述一下对一妻多夫制的相关研究，以及把握藏族村落社会研究的主要论点和问题。

对于一妻多夫制的其中一种解释是："一妻多夫制是人类婚姻的一种形态。"而往往这样作解时，我们必须要考虑藏区以外的其他族群社会，所以我认为，对一妻多夫制的实行报告进行比较研究后再行考察较为妥当。

例如，Peter 对一妻多夫制的研究成果颇为丰硕，除了对藏区一妻多夫制现象的描述外，关于斯里兰卡和南印度等地区的一妻多夫制也有较多的民族志文献方面的记载。他曾多次赶赴本书研究对象所在地区进行田野调查，即在拉胡尔山谷和拉达克地区做过详细的调查。他搜集整理的这些资料，对于本书具有十分珍贵的借鉴和参考价值。一妻多夫制的出现与当时在恶劣的环境中生存的人们特殊的心理状态有着密切的关系。

根据他的描述，在极其恶劣的环境中生活的人们，尤其是兄弟之间，为了兄弟之间的和睦而抑制嫉妒心，嫂子或者特殊情况下的岳母和女儿之间的性交可能会满足乱伦的欲望。一妻多夫制是一种潜在的同性关系，也是一种乱伦的结婚制度。一妻多夫制正是在艰苦的社会和自然环境中，在核心家庭中存在过度的经济和社会压力的双重负担下产生的。

关于此论点他在别处也有提及，在重视满足个人欲望这个问题上，强烈地指向马林诺夫斯基所代表的功能学派。

Leach 的一篇小论文，以主要居住在斯里兰卡的僧伽罗人的一妻多夫制为案例，将其作为调解父系制和母系制之间矛盾的一种方针。根据他的论述，包括西藏在内实行一妻多夫制的社会中，其形态为父方居住，尽管有指向表明只有男人才可以继承土地财产，但还是存在母方居住或女性继承的案例。并且实行父方居住的女方必须要放弃自己祖先的土地，而女方会收到赠送的财产即嫁妆。

根据 Leach 的论述，女性拥有继承权的法规和土地财产直接交给男性继承者的父系社会之间存在矛盾，主要表现在兄弟们各自拥有妻子，如果妻子的财产只能被自己的儿女继承，便会影响兄弟间的和睦相处。而一妻多夫制则避免了兄弟各自娶妻，同时维持了兄弟间的团结。（当两个兄弟共娶一个妻子时，财产的继承者也是共妻的孩子，在此种经济基础上，他们的婚姻不但不会产生矛盾，反而会更加牢固。相反，兄弟俩各自娶妻的话，儿女就会得到不同的经济利益，维持世袭继嗣也就不可能了。如果民族志文献资料客观真实的话，那么实行一妻多夫制应该是非常具有道德性的，因为它不但不会增加性嫉妒，反而会减少或消除性嫉妒）

Leach 的研究的局限性在于，他没有从家庭或家庭成员的角度研究一妻多夫制问题，始终只是以出身原理的角度在做论证。

韦斯特马克在其《人类婚姻史》中（《第十章：一妻多夫制和群婚》）也论及了一妻多夫制。他认为，在某种社会中产生一妻多夫制的理由为：①女性的数量比男性少；②经济动机，如作为防止人口增长和财产分割及贫困的一种理由而加以解释。但他同时又说明这并不是一妻多夫制的起源解释：“‘为何在某种场合下以某些原因而产生一妻多夫制，而在别的场合又不会产生呢？’要充分地解释这个问题，就像正确地解释‘为何有些民族是一妻一夫制，而有些民族则是一夫多妻制’，同样解释不通。”

韦斯特马克把这篇论文作为批判当时的文化人类学主流的进化主义理论而完成的。但从他的理论立场来讲，对于一妻多夫制起源的解释是不可能的。因为在从原始的乱婚制到人类各种类型的婚姻形式的进化过程中，一妻多夫制是不可能定位于某个流程的。

对于一妻多夫制这样一种特殊的婚姻类型，Goldstein 试图全面性地解释其立场的批判，他把藏人的一妻多夫制和居住在喜马拉雅的印度教徒帕哈里（Pahari）社会的一妻多夫制做了比较研究，论述了在同样的一妻多夫制社会中存在着完全不一样的选择结构。

根据他的论文，在藏人的家庭内，同一世代中存在两个以上的婚姻单位（即两个以上的兄弟拥有各自的妻子），这会给家庭带来不安定因素。因为各婚姻单位出生的孩子的个数和资源的分配存在差异，由此，各兄弟的妻子之间就容易产生敌意，也会给家庭带来财产分裂的危机。他认为，当一个世代产生一个或若干个（即一个妻子生育的孩子们）继承者时，选择一妻多夫制，可避免引发家庭内部的不安定状况。

然而帕哈里社会的一妻多夫制与藏族社会的一妻多夫制的意义完全不同。在帕哈里社会中，兄弟型一妻多夫制总会发展成多妻多夫制，每个家庭都想争取多个媳妇，比如家境困难时，几个兄弟共妻，实行一妻多夫制，而随着家庭经济的改善，兄弟们会不断迎娶新的妻子。事实上，帕哈里的村落中不仅存在一妻多夫制，还有一夫一妻制、一夫多妻制和多夫多妻制等多种婚姻形式。其中，一妻多夫制并不是占有绝对优势的婚姻形式。

总之，藏人的婚姻系统为一个世代内妻子的个数缩减到最小化，即一位妻子；而在帕哈里的婚姻系统中则是相反的，妻子的数量增加到最大限度。

问题是，一妻多夫制这样一种婚姻形式，能不能得到泛文化性的共通解释呢？把一妻多夫制作为一种习惯而延续下来的各个社会，其实践理由却各不相同。Goldstein 对一妻多夫制的研究的要点为，对一妻多夫制的实践给予了意义——在那些一妻多夫制的社会中，他们的成员都预留着一妻多夫制以外的选择权。在比较这些不同的社会时，重要的是，要理解在各种婚姻形式的表面配置下隐藏的选择结构（decision-making structure）。

1958 年，川喜田在尼泊尔西北部多鲁伯的藏族地区做了田野调查。虽然不是民族单位之间的比较，但他假设一妻多夫制是在藏族社会中占有优势的一种兄弟姐妹换婚的形式。根据川喜田的论述，重要的是表现父系出身而共有“骨”意识的集团之间的通婚，当男女（多数为兄弟姐妹）之间发生交换性婚姻（列维·斯特劳斯主义将其称为限定性交换）时，如果两家的兄弟姐妹的数量不一致，就会产生一妻多夫制。

川喜田的论述与藏族社会中以“家庭”观念为重要前提的当代西藏研究存在差异。他主要强调的是共有父系出身的集团（川喜田虽然没有写氏族，但称其为氏族更为妥当）与婚姻的连体性。

在川喜田的论述中，社会中占有优势的原理试图诱发一妻多夫制的实践。虽然这一点比较有说服力，但因为“骨”意识观念，在理论上可以形成共有父系出身的集团（氏族或血统）在多数藏族社会中是完全欠缺的，或者限制了作为集团而发挥功能，就很难说一切藏系社会均是如此。

第二节　一妻多夫制与环境

1959 年西藏发生动乱后，西方人类学家开始对居住在印度和尼泊尔的藏系民族及藏人进行调查研究。对一妻多夫制的研究依然是调研的主要课题之一，尤其是在实行一妻多夫制的社会中，其存在对社会有着怎样的影响成为当时的焦点问题。

Crook & Crook 从三种立场研究总结婚姻与家庭的组成：第一种是他们称之为最传统的研究方法，以人们对自己所在社会结构的描述为依据的主位研究；第二种是把婚姻系统从环境和经济条件来解释的主位研究；第三种是他们称之为现代的主位研究，在社会构造中，试图最大限度地寻找广泛包容的（inclusive fitness）生殖策略。这是一种指向于社会生物学的解释。

Crook & Crook 试图采用第三种研究方法。而他们也同样曾经赶赴喜马拉雅藏斯卡地区进行田野调查，他们认为在西藏西部地区社会中实行的兄弟型一妻多夫制，可以用社会生物学的理论来解释。在农业社会中，人口容易过剩，由此导致对统治者稳定的进贡很难维持，所以农民认为把女儿以一妻多夫制的婚姻形式出嫁，可以过上安定的生活。换言之，一妻多夫制是父母为女儿选择的最恰当的一种婚姻策略。

关于这个论点我们很快就会发现一个问题，即一妻多夫制对妻子的生殖策略有利，但对于丈夫们来说，却使其后代数量受到影响。Crook & Crook 觉得，当一妻多夫制中的兄弟们对性生活非常积极时，也将出现对参与其中的男性存在不利的一方面，因此，这种根据是不够明确的。Crook & Crook 就这个问题引入广泛包容（对于生殖策略，包括有时对亲属有利于他性的行动效果）这样一种对应的概念。

Goldstein 和 Beall，以居住在尼泊尔西北部利米谷的藏系民族的人口数据，试图反驳 Crook & Crook 的理论。他们认为，在单婚与兄弟型一妻多夫制这两种婚姻形式中，出生的婴儿分别呈现出较高的生存率与较高的死亡率。基因遗传方面，一妻多夫制对男性也是不利的。Goldstein 和 Beall 认为，不适合用社会生物学来解释一妻多夫制的存在，而其所处的社会文化、政治、经济环境等因素都是不可或缺的。特别是 Goldstein 在另一个论述中主张，对于一妻多夫制的习惯，不能忽视其实践社会中存在的社会阶层性和进贡系统。

第三节　一妻多夫制与家庭

Goldstein 对在印度迈索尔居住的藏人实行访谈调查，也对西藏中心地区卫藏江孜县郊区的萨玛村做了详细的调查报告。根据这个报告，以前在萨玛村的平民（米色尔）均隶属于政府、贵族或寺院其中一个的支配，当时平民的身份可以分为以下三种：①铁巴（纳税人之意）：有祖传的耕作权，同时有着繁重的纳税负担和各种劳动义务；②多琼（小家之意）：需要交纳一定的赋税，但不依赖于土地，可以自由迁移；③被束缚的多琼：居住在一定的土地上从事小规模的耕作。

一妻多夫制的实践被限制在承担着繁重的赋税和有着比较多的家庭活动的铁巴家庭。他们为了防止与土地所有权相连的家庭的分裂，践行一个家庭只承认一组婚姻（monomarital）的原则。另一方面，在多琼的社会中，土地属于个人，因此并无一妻多夫制的习惯行为。

在 Goldstein 的论述中，笔者认为以下两点是最重要的：第一，在藏族农村社会中处于核心地位的铁巴社会中，践行一个家庭只承认一组婚姻的原则。第二，即使有一妻多夫制的习惯行为，也因社会集团的不同，其实践程度各不相同。

只是 Goldstein 反对用社会生物学来解释一妻多夫制的存在，他在对利米峡谷的调查报告中，以控制论体系解释一妻多夫制是为了适应人口稀少的经济机会而发挥作用的。“在缺乏用小资金参与社会经济机会时，兄弟型一妻多夫制就会越发严格地践行，通常这种经济机会的增加，会出现普遍叛离一妻多夫制的现象，从而导致之前在生育系统中被分离出来的女性会普遍怀孕，故而出生率提高。而随着出生率的提高，固定资源对人口的压力会增大，而可能分裂的保守态度就会复活，兄弟型一妻多夫制的压力也会增大。”

Crook & Crook 设想藏斯卡的开拓村落并指出：一妻多夫制的必要性有着根据村落变迁的过程而变化的模式。

Goldstein 和 Crook & Crook 则再次指出，一妻多夫制对于藏人的心理来讲，并非是最容易实践的婚姻形态，如果可以选择的话，实行单婚的倾向会更高。

Aziz 在对定日社会的研究报告中也指出：“作为进贡单位，为了维持家庭，迫使其实行一妻多夫制。”

Aziz 与 Goldstein 也对在印度居住的藏人实行了访谈调查，在卫藏的定日社会同样做了详细的调查。在定日社会中，平民同样被称为米色尔，其内部被分为相巴（农民之意）、草摁巴（商人之意）、卓巴（牧民之意）三种。相巴拥有祖传的耕作权，虽是村里的主要成员，同时也肩负着繁重的进贡责任。草摁巴和卓巴则不依赖于土地，可以自由迁移。相巴高度重视且实行一妻多夫制，草摁巴和卓巴则更多地实行单婚制。

Aziz 把定日社会的相巴作为案例，表述了藏族农村社会中“家庭”概念的重要性。根据她的论述：“藏人想要逃离父系氏族和血缘所组成的概念时，我们就可以重新面对目标，接受表现他们自身的新基准；然后，从家族与村落社会的丰富资料中定义某种形式。作为最支配性的要素而出现的，将会是与居住规则系统连接在一起的家庭的连带性原理。” “即使是小型耕作家庭，也是与土地结合在一起的居民，都已成为超越各自人生而永存的合作集团。它也会演变成义务进贡的对象单位。同样重要的是，各个家庭对别的家庭拥有相互礼貌性的关系。家庭之间的权利和义务是超越每个人的一生而永存的。”

相巴有一种附属于家庭的土地是不应该被分割的强烈信念。他们认为兄弟也不应该分离，即使长大成人后想拥有身份和地位，也必须留在自己出生的家庭中。兄弟在这种被限制的社会中会得到同等的利益。

Aziz 认为，把这一规则与另一种规则，即同一个世代只承认一位妻子的规则，在家庭内部结合时，就会产生一妻多夫制。而一妻多夫制的实践就像藏人自己承认的那样，它会给家庭带来劳动力的增加。

因此 Aziz 得出结论说，一妻多夫制主要是以经济性的动机而实行的。她同时指出，藏人自身用经济的观点描述社会，正是这一点引起了人类学者的研究偏见，导致用过度的静态来描写藏人社会。

Levine 明确反对用环境决定论来解释一妻多夫制。她曾经调查过在尼泊尔西北部居住的藏系社会集团尼巴（Nyin-ba）。她用民族志的文献资料阐明了一妻多夫制的文化性、社会性的参数，并通过人们会停留在一妻多夫制（尽管罕见）或将取消一妻多夫制的问题，让人思考其多元化的要素，进而从一妻多夫制中找出物质决定论批判环境论的解释。

Levine 再次把一妻多夫制作为焦点，阐述一妻多夫制的起源和其实行的原因时，以男性中心主义和异国情调的偏见进行论述。她把一妻多夫制的状态称为 problematic，其意义在于，比起研究对象，更偏向于自身文化先进的这种文化偏见性的论述。

像 Levine 在尼巴地区的调查结果显示，其社会也不是完全相同的，村子里占人口总数80%的是德波（自耕农之意）和哟波（奴隶之意）两种。一般德波的家庭规模较大，几代人同居，实行一妻多夫制，父方居住。哟波的家庭规模则非常小，实行单婚，母方居住。

特别是在德波的群体中，一种叫作 trongba 的家庭有着重要的意义，其特征主要有：①除了家庭以外不存在个人从属的集团，其成员也脱离不了家庭；②各家庭在原则上是平等的；③作为合作单位的家庭有继承权和义务关系，同时也是法律和政治单位，而且保有财产。

尼巴人自己认为一妻多夫制适应于他们所处环境的要素，赞扬其在经济方面的有利性。然而，在 Levine 的论述中，一妻多夫制的重要性还有以下超越经济性的部分：①拥有尼巴的传承与族谱的固有文化性价值；②体现着兄弟间和睦的价值；③一妻多夫制为家庭（trongba）系统的前提，其经济依存于复数成年男性的合作；④尼巴村落通过一妻多夫制形成结构化，其前提为控制户数增加；⑤大多数男女认为一妻多夫制是最舒适的婚姻形态，适应于被文化规定的实践目标。

一妻多夫制的存在作为一种被给予的物体时，“问题在于如何维持家庭生活；家庭成员中有复数的男性后继者时，如何实行继嗣；一妻多夫制的参与者又如何维持对人、对法、对家庭的关系”。

第四节　考察

在此，首先整理直至今日人类学者对藏族一妻多夫制研究的争论。

第一个问题是：一妻多夫制的解释究竟有着怎样的意义？

Peter 和川喜田把这个问题作为一妻多夫制产生的解释而考虑。

Crook & Crook 的社会生物学的解释同样是把以上观点作为目标。然而，像韦斯特马克和 Levine 所指出的，我们通常不会探究单婚制的起源。“为什么藏族社会会存在一妻多夫制的习俗”这一理论上的问题和“为什么日本社会却没有一妻多夫制的习俗”，对于这两个问题不可能出现具有说服力的答案。

就像关于货币的起源也有很多解释一样，它们并不是解开货币秘密的钥匙，对某种婚姻制度起源的解释是不会与解开其制度的秘密相连接的。因为一般来讲，一种社会制度的成立必然源于生物学、心理学、环境学和经济学等因素之外，与事情的突然性和历史的偶然性有着很大的关系。就像本书的调查对象地区，拉胡尔地区存在一妻多夫制的习俗，而东侧的斯皮提地区却没有一妻多夫制的习俗，而且在斯皮提也只是在斯皮提川的支流榀山谷才有一妻多夫制的习俗，因此只以适应环境的观点是解释不通的。

Peter 的心理学解释虽然是一种种族中心主义的偏见，但除了其解释本身不能验证之外，这种解释既不能完全肯定，也不能完全否定。川喜田和 Crook & Crook 的解释同样也存在不能验证的问题。

换言之，关于某种制度的起源，在学术上用什么样的方法解释都可以。但当其解释本身不能验证时，它到底还有没有说服力？这个问题关系到解释者与被解释者之间有无共有依据解释本身的某种思想体系。有关这方面，Crook & Crook

依据社会生物学的解释同样也存在这个问题。

然而，假设一妻多夫制习俗的存在是“被给予”的，其解释为在藏族社会中，人们仅仅是为了澄清一妻多夫制在其他婚姻形式中作为一种特别的形式而采用的。对于这一点，Goldstein 和 Levine 的观点是一致的。Goldstein 关于一妻多夫制的辩论，其论点都分散在几篇不同的论文中，然而随着时间的推移，他并非是一以贯之的态度。Levine 反对 Goldstein 的一妻多夫制是在制约资源的环境中发展而来的说法——“为了人口适应资源而作用的负反馈系统的一部分”。实际上，Goldstein 在其著作中并不是这样写的，他反而是以藏族的一妻多夫制“不是为了面包和酥油，也就是说，不是因为在恶劣环境下对饥饿的恐怖而选择的，对于藏人来说，是为了牡蛎和香槟及社会评价而选择的”这种明确的态度来描述的。

尝试主位研究时，Aziz 对 Levine、Goldstein 和 Crook & Crook 都用同样的态度指出：对于藏族农村社会的核心部分——自耕农的人们而言，一妻多夫制是为了“家庭”的重要性和防止家庭及家产分割的对策而采用的。这一点不光为人类学家所认同，了解过藏族社会的很多学者都有相同的表述。例如 1938 年 Peter 访问拉胡尔地区时，当时在奇隆进行传教活动的莫拉维亚传教士是这样跟他讲的：“拉胡尔的人们经常为了防止财产分割而特别担心，他们恐惧家名断绝。为了这两个目的他们实行一妻多夫制，实行父系或母系的继嗣制度，而后者是当家里没有男性继承者时才不得已让唯一的女性继承。然而，拉胡尔家庭全体成员的利害就像围绕其周边的一种轴一样。他们之所以实行一妻多夫制，是因为兄弟们依靠一个家产而生活，他们共有妻子和土地，以及他们生的孩子，这使得他们可以不分割家产而生活。”

然而，对于家庭，即把 household 在英文中的惯用法直接导入文化人类学中，将其当作学术用语，是不可能得出一个明确的定义的。根据 Yanagisako 的论述，它与 marriage，kinship，family 等词一样，是一种 odd-jobword，虽然可以用于记述描写，但用于分析和比较用词是不成熟的。

事实上，在后文中详述的拉胡尔社会中的庆木（家之意）和斯皮提社会中的康巴（家之意）成员的居住区域已扩展到外地，通常以共住为首要条件的 household 的概念是不恰当的。从严格意义上来讲，当 household 的概念还不可定义时，庆木和康巴是不是 household 的问题本身是没有意义的。

相反，作为分析对象来讲，家族作为它的一部分而包含在内，共住和共同的家计等都未必会成为它的条件，但我们必须要设想包括偶尔承担其政治性和经济性等思想体系在内的技能群体。

关于这一点，清水昭俊就家族事态的一系列辩论可咨参考。清水把某种社会现象作为家族性事态，或以概念化为根据，具有以下四个条件：①婚姻（配偶）规制而区分社会亲属；②由于功能性的编制使社会的政治性和经济性得以区分；③从社会空间的公共领域到家庭内部的区分；④从公共领域到肉体上的相互行为的排除，以及伴随其夫妇/父子/母子关系的区分。

“以上四个条件的复合，在亲属区分的条件①和功能性集团构成的条件②的交错点，条件④显示的诸要素中把集团维系在一起时，这种集团形成的一切可以用家族现象的语言来把握和记述。”并且“家庭内部的集团，尤其包括家族和家庭内部集团及亲属功能集团，或者说功能性亲属集团，可融入到某种功能关系（作为氏族的连带关系）范围的（远房）亲戚的概念”“所有多功能性家庭内部的区分……从构成性或思想体系的意义上以亲属状态来区分所有家庭内部”这样的一种概念来设定“家”。

虽然这样定义的“家”必然会成为“多元性的存在”，但在研究个别社会中的“家”时，其方法是，与其分析不如把综合作为主要的方法，家的“政治性、经济性、社会技能性，以及担当家庭成员的构成和动态，这些作为家这个现象中涵盖的诸要素之间的相互关联”的全体性研究会成为课题。

在以往的研究中，把庆木和康巴等描写成 household 的存在，如后文中详述的共住（co-residence）和家庭内部的诸功能（domestic functions），像这种 household 的必要条件也未必符合。也许在以往的藏族农村社会研究中，像 household 这种词的使用没有成为比较性的问题，是因为家的空间性的配置和个人所属的生活圈重复的案例比较多。然而，本书研究对象地区的人们的生活圈远远超出他们原来所属的村庄。在拉胡尔的嘎登村属于庆木的成年男性有 40%实际上是在户外生产劳作。像这种情况，把庆木描写成 household 这样的词就是不恰当的。

在本书中，庆木或康巴等多样而多元的家族事态的领域借用清水的“家”来形容。

事实上，像文化人类学研究中对家族和亲属的研究用退潮之称一样，在藏族社会的文化人类学研究中，当下研究的主要对象存在向宗教研究或散居研究等推移的现象。然而，缺少了藏族社会中“家”的存在和其构成的特性，而单纯研究寺院制度的维持、朝拜圣地、佛教神化和原始宗教神化的复合等宗教现象，只能是世俗主义的想法。清水所提倡的“家”、家族和亲属关系是关于跨文化性比较研究的怀疑论，而这正是再次把它作为重要研究对象的基本概念。本书作为比较研究，通过追溯历史的变化，用动态性捕捉方式，试析喜马拉雅藏族诸社会中“家”的状态。

第三章　拉胡尔社会的婚姻与家庭

第一节　拉胡尔概述

拉胡尔位于喜马偕尔邦北部，东、西、南、北分别与斯皮提、昌巴、库鲁和藏斯卡接壤。以上地区平均海拔为 4 000 米，部分地区还与海拔更高的山岭相连。在行政区划中，拉胡尔与斯皮提同属一个地区，总面积为 5 830 平方公里。根据 1981 年的人口普查数据，当地人口为 13 801 人，平均人口密度为每平方公里约 2 人。

当地年平均气温为 6.5℃，最寒冷的 1 月份平均气温为-5℃，而温度最高的 7 到 8 月份也只有 16.5℃。1976 到 1981 年 5 年间的年平均降水量为 58.4 毫米（包括斯皮提在内），大多数地区只有冬季的降雪。通常 11 月份开始下雪，山口经常被积雪封堵，只有等到来年的 6 月份才能与外界接触。而在这段时间，当地人也无法在户外从事农耕或放牧等生产活动。

拉胡尔的各个村落沿着三个山谷铺展开来，即从巴拉拉卡（Baralacha-La）山顶南下后，自东南向西北转流的钱德拉川，从东北流向西南的坦迪附近与钱德拉川合流的巴嘎川，以及下游区域的钱德拉/巴嘎川。这个地区在藏文化区域内被称为噶尔厦或噶尔厦卡卓林。卡卓意为空行母，故噶尔厦卡卓林为空行母之园之意。

拉胡尔共有140个村落。根据印度语言学家Sharma的记述，拉胡尔地区至少有七种语言。

巴嘎山谷下游区域的普纳姆、钱德拉山谷下游区域的天囊、钱德拉/巴嘎山谷的巴塘使用的语言与印度先住民的语言蒙达语相近。另外，在巴嘎山谷上游区域的脱多和钱德拉山谷上游区域的蓝古路，都使用藏语方言。而在各村落中将传统锻造业作为产业的少数顿巴，则使用印度雅利安系的语言。

在宗教信仰方面，巴嘎山谷和钱德拉山谷的居民多数信仰藏传佛教，下游区域钱德拉/巴嘎山谷的居民则多数为印度教徒。原来的拉胡尔住民（Lahaula）被认定为指定种族，而顿巴也被认定为指定种姓。在印度被认定为指定种族，就会被排除在适用印度婚姻法等之外。拉胡尔的传统习惯法延续至今的最大理由，也应该与被认定为指定种族有关系。

拉胡尔的文化从各种意义上可理解为是一种混淆性文化。该地是藏文化和印度文化相交汇的地方，这也是最主要的原因之一。

在历史上拉胡尔从12到17世纪中期，一直被藏民族系北方的拉达克王国所统治，之后被印度王国的库鲁和占婆统治，后来被旁遮普的锡克教徒支配过一段时间，1846 年与邻国斯皮提一起成为英国的直辖区。第二次世界大战后，于 1947 年结束了英国的直辖，被编入印度共和国管辖直至今日（参照第一章第二节）。

有关英领时代拉胡尔和斯皮提地区的相关情况，都著有非常详细的地方志。这些都是十分珍贵的资料，特别是传统家庭形态与当时的统治体制有着深刻的关联，故而在此对这些地方志的内容做简单的介绍。

当时的数据显示拉胡尔的人口约为 6 000 人（1891 年的统计人口数为 5 982 人）。实际上，由于多数居民在户外生产劳作，准确的人口数是无法得知的。

拉胡尔地区的三个山谷，即钱德拉山谷的蓝古路、巴嘎山谷的噶拉或普纳姆、钱德拉/巴嘎山谷的巴塘，其所占括提（地区之意）比例分别为 4:4:6。然而，括提和村落都不是拉胡尔社会系统的基本要素，各个家庭分割的耕地才是基本要素，当地人称之为 jeola。耕地的分割最早由以前的统治者实行，在此之前耕地的大小和赋税应该是平等的。另外，当领主需要时每个家庭都会派出劳动力。与藏文化相近的钱德拉山谷和巴嘎山谷的 jeola 至今未被分割，而与印度文化相近的钱德拉/巴嘎山谷的耕地基本已全部被分割。全拉胡尔有 1 085 块 jeola，大部分耕地为村民所有，而他们成了塔鲁，即地租和劳役，是为领主效力的对象。一块 jeola 的平均大小为五英亩，表 3-1 列出的是一块 jeola 分担租税的情况。

表 3–1　一块 jeola 分担租税的情况

税的种类	税额
钱税	4 卢比 8 安娜(16 安娜=1 卢比)
谷物	3 lakh 3 path
Phari(布料)	1 phari 或 8 安娜
Suri(lit.Bribes)	5 卢比 4 安娜到 2 卢比 8 安娜
Betanga	2 卢比

劳役有两种方式：一种是对塔库鲁（领主之意）的劳役，另一种是官方劳役。以下是领主劳役的内容：

（1）在当地称为“北斯提”的特殊日子，各 jeola 必须派出一个男人，从事塔库鲁的耕地劳作。而塔库鲁只提供茶饭，不发工资。每年的北斯提持续 11 天，而播种和收割期就会成为大北斯提。除了前 2 天从所有的 jeola 中各提供 1 个劳力外，剩余的 9 天会从近邻中再选出 15~16 人，而不能出工的人每年需要交 1 卢比。

（2）在冬季的 6 个月期间，各 jeola 需要准备马棚和干草代养领主的马。每个 jeola 每月照看一匹马，实际上领主没有那么多马匹。因此，通常的情况是两个 jeola 代养一匹马。

（3）各 jeola 每年必须要把 8~9path，即大概 6 磅（一头羊能搬动的重量）的大米送到领主家。

（4）冬季的 6 个月期间还要给塔库鲁搬运燃料，习惯的做法是各 jeola 按顺序派出劳动力，而领主会给每个人发 6 卢比的工资。

另外，官方的劳役负担也很繁重，特别是在拉胡尔街道，人流量大，运输负担很重。以下为官方劳役的内容：

（1）每家出一个男人定期修建道路。

(2) 每家出一人搬运旅行者的行李。

(3) 全 jeola 分别供给旅行者的必需品。

行李搬运等往最近的车站提供物资，各括提共同承担维修街道的工作。因为装卸工工作复杂，各括提选出一位代表负责此事，其一年的酬劳为六卢比，并且免除一切劳役。另外，再从各括提中选出两个人负责集中物资和记录工作等。这两个人虽然没有报酬，但在任命期间免除一切劳役。

一妻多夫制一直都是一种常见的习俗。通常自耕农兄弟会将父系财产均等分割继承，但实际上妻子、土地、房子等都属于共有财产。当家中没有直系男子继承财产时，就由女儿招赘上门女婿并继承财产。

耕地一般轮流耕种大麦、荞麦和小麦。但当地人对小麦的评价不太高，所以基本上都播种大麦。村内基本没有空地，只要有耕地就会播种。除了农业生产方式，约有三分之一的男人从事其他的贸易活动。他们拥有矮种马，个人或被旁遮普的商人雇佣从事中亚贸易交易，有些人也饲养能搬运东西的羊。部分人会在冬天去库鲁、帕拉姆普尔、曼迪等地卖酒赚钱，也有人投资巴达尔的蓝宝石矿石。拉胡尔的支配由阔龙的塔库鲁执行。他从库鲁的长官助理开始，作为名誉行政长官和民事法官拥有权利。

作为佛教寺院，古卢甘塔鲁特别著名，也是当地最大的寺院，不过当时寺院里居住的僧侣只有 7 人，而所属的主要僧侣在格拉（巴嘎山谷）有 110 人，自耕农中也有受戒人，其中 71 人是尼姑。这些僧尼都拥有藏语读写能力。冬季是寺院里僧尼最多的时候。

对于拉胡尔人的性格有这样的记述：“拉胡尔人都非常勤勉，他们比起库鲁人勤奋而且聪敏，这跟经常与外界打交道有关系。因为在地理位置上，他们处于印度和西藏之间，他们是两地最主要的贸易者。冬天他们几乎都不在家，即使是富裕家庭的成员也会在库鲁或西姆拉工作。他们的工资虽不能使自己过上奢侈的生活，但其生活水平早已得到了很大的改善，比起以前能吃到更多的肉。当地的男人几乎全都从事贸易活动，而女人则承担了拉胡尔的大部分体力劳动，如农作物的耕种和搬运货物等。”

第二节　嘎登村

拉胡尔和斯皮提的行政中心在奇隆一带。从钱德拉川和巴嘎川合流处到巴嘎川上游区域的匹卡尔村之间的地区叫作普纳姆，在这里居住的人们被称为普纳姆巴，他们拥有自己独特的语言。

笔者的调查地点嘎登村也属于普纳姆（见表 3-2）。村落位于奇隆对岸、陡峭的巴嘎山谷左岸。灰褐色的方形房屋在狭小的河岸阶地密集分布，远看如同古老的堡垒（见图 3-1）。

图 3-1　嘎登村

表 3–2　嘎登村家族

序号	家名	家长名	骨名	成员人数	婚姻形态
1	塔切吉	夏拉普	克努果巴	12	
2	肯切苏巴	索南	龙千巴	8	一妻多夫制
3	多路巴	罗桑	切巴巴	10	
4	克列巴	阿努	灰格巴	5	
5	特毛路巴	李古金	克努果巴	10	一妻多夫制
6	米雅苏	南拉雅	龙千巴	9	
7	唐古拉巴	索南	克努果巴	9	
8	玉阿苏	多克唐	切巴巴	9	一妻多夫制
9	玉阿苏	平却	切巴巴	9	一妻多夫制
10	德斯克吉	切让	克努果巴	9	一妻多夫制
11	塔玛苏	夏拉普	克努果巴	12	一妻多夫制
12	安克奇	安格鲁普	达鲁帕年赞	7	
13	玛尼巴	扎西诺布	切巴巴	9	
14	玛尼巴	多杰	切巴巴	10	一妻多夫制
15	拖阿苏	安格鲁普	灰格巴	13	一妻多夫制
16	肯切苏巴	顿珠	龙千巴	11	
17	克列巴	李加南杰	灰格巴	12	一妻多夫制
18	顿巴	索南		8	
19	拉杰	李古金	朗谦	10	
20	顿巴	索南		8	
21	顿巴	拉姆南朵		6	
22	顿巴	索南		5	
23	噶巴	诺布	灰格巴	5	
24	噶巴	才让白尊	灰格巴	3	
25	噶巴	多杰	克努果巴	8	
26	阿比吉	诺布	切巴巴	6	

在村落周边延展开来的田地里，夏季种植土豆和豌豆、大麦等。田地上部引有灌溉水路，其上方可以看到嘎登贡巴（寺院）黄色的屋顶。这个寺院建于20世纪纪初，属于藏传佛教噶举派。

寺院上方铺展的草地是嘎登村主要的放牧区，再往上走能看见耸立的像吊钟的岩山第尔布里，此山为藏传佛教圣山（见图3–2），夏季可以看到佛教徒转山朝拜的壮观场面。

图3–2　第尔布里圣山

村里的产业以传统农业和畜牧业为主。通常从积雪消融后的5月份开始耕种各类作物，首先从翻耕土壤开始。一般让左拉铁犁刨地，然后施肥。先种大麦和小麦，6月份种土豆，7月份再种荞麦。

拉胡尔的夏季降水量较少，田地里灌溉用水都是村民从东西两侧的山谷引来的冰川雪水。两条灌溉渠道在村落上部合流，然后左右分开流向田地上部的水渠内。

轮到使用灌溉用水的人必须要把上方的灌溉渠道堵住后才可以把水引到田里。灌溉田地的每个角落是一个非常不容易的活儿，有时候拿着手电筒一直干到深夜才能把田地灌溉完全。对灌溉用水的使用有着非常严密的规则，它与后文介绍的家产也有关联，故此处略述。

目前嘎登村的农业户有 25 户。每户都有一部分从祖先那儿继承而来的水利权。每天两到四户可使用水利权，称为渠日（水利权之意），一周只循环一次。然而，第一周和第二周的使用方法稍有不同，即十五天为一个单位。（见表 3–3）复数人家拥有同一个家名时，在家名后的括号内标注有家长名。

表 3–3　嘎登村的渠日顺序

时间		使用水利权的家名	水利权的比例
第一周	第一天	米雅苏	0.5
		塔切吉	0.25
		塔玛斯	0.25
	第二天	噶巴(多杰)	0.25
		拉杰	0.25
		特毛路巴	0.375
		德斯克吉	0.125
	第三天	唐古拉巴	0.5
		玛尼巴(多杰)	0.25
		玛尼巴(甘珠尔)	0.25
	第四天	克列巴(多杰)	0.5
		克列巴(扎西)	0.5
	第五天	肯切苏巴(索南)	0.5
		肯切苏巴(吾尔江)	0.25
		安克奇	0.25
	第六天	多路巴	0.5
		拖阿苏	0.5

（续表）

时间		使用水利权的家名	水利权的比例
	第七天	玉阿苏（多克唐）	0.25
		玉阿苏（加谦）	0.25
		噶巴（诺布）	0.25
		噶巴（才让白增）	0.25
第二周	第一天	米阿苏	0.5
		顿巴（四户）	0.5
	第二天	塔玛苏	0.25
		塔切吉	0.25
		噶巴（多杰）	0.25
		拉杰	0.25
	第三天	特毛路巴	0.375
		德斯克吉	0.125
		（巴古）	0.5
	第四天	唐古拉巴	0.5
		玛尼巴（多杰）	0.25
		玛尼巴（甘珠尔）	0.25
	第五天	克列巴（多杰）	0.5
		克列巴（扎西）	0.5
	第六天	肯切苏巴（索南）	0.5
		肯切苏巴（吾尔江）	0.25
		安克奇	0.25
	第七天	多路巴	0.5
		拖阿苏	0.5
第三周	第一天	玉阿苏（多克唐）	0.25
		玉阿苏（加谦）	0.25
		噶巴（诺布）	0.25
		噶巴（才让白增）	0.25

水的使用以 24 小时为 1 个单位。假设一户人家的水利权是 0.5，也就是说，这户人家拥有 12 小时可以独占水利权。

在以上 25 户中，米阿苏、唐古拉巴、克列巴（2 户）、肯切苏巴（索南）、多路巴、拖阿苏，只有此 7 户拥有 0.5 的水利权。被称为楷库巴（一户之意）的家庭，是指原有的水利权一直没有分割而完整继承下来的家庭；被称为帕库巴（半户之意）的家庭是指以前分过家，因此水利权被分割，使用权也就相对较小。

只有第二周的第一天拥有水利权（15 天内只有 1 天的使用权）的 4 户顿巴为传统铁匠家庭。他们在宗教信仰和语言上有别于其他村民，也因此在社交方面被人歧视。而在第二周的第三天使用水利权的巴古拥有一种特别的分配权利，即可以把半天的水利权分配给有需要的五户人家使用。

土豆是当地近年来最重要的经济作物，是以前将奇隆地区作为根据地的莫拉维亚传教团引入的。原产南美洲的土豆很适宜喜马拉雅的环境，对尼泊尔和夏尔巴人粮食的增产起到了很重要的作用。目前拉胡尔的土豆品种有两种：一种是传教团引入的老式小型品种，另一种是 20 世纪 70 年代引入的大型品种。因小型品种味道好，基本都是自家食用，而大型品种则作为种薯运送到市场里。

当地栽培的经济作物除了土豆以外，还有豌豆、蛇麻、大蒜，此外还有一种当地人称为苦豆的药用植物。豌豆在市场上属于高价交易对象，近年来播种面积持续扩大。

拉胡尔大部分地区都属于海拔 3 000 米以上的高原，与印度平原的庄稼收割期不同。另外在地理位置上，与新德里和昌迪加尔等较大的消费地距离很近。因此，经济作物在拉胡尔很受欢迎，其市场价格也很高。

经济作物的种植给拉胡尔自给自足的经济方式带来了很大的变化。目前，拉胡尔日常食用的大米均为外地购入的，使得价格相对便宜的小麦的播种量急剧下降，导致当地社会发生了很大的变化。

除了农业，畜牧业也是拉胡尔一大支柱产业。村里饲养的有羊、山羊、公牛、左、左母等。拉胡尔的气候没有青藏高原那么寒冷，家牛的饲养相对简单。他们只会为了牦牛和公牛的交配繁衍而共同饲养一头公牛。左去势后可用于农耕，左母产的牛奶比一般牛奶更浓稠。

嘎登村一带不食用牛肉、牦牛肉、左和左母肉等。为了挤奶，刚产下的小牛犊在家饲养一段时间后就被赶到山上放养。因事故或病死的牛肉也不会食用，通常直接将其扔到山谷中。而这种行为对于生活在中国境内青藏高原上爱吃牦牛肉的藏人来说，是一件不可思议的事情。很明显，当地人不吃牛肉的习俗是受到近代印度王朝所支配的影响。他们只吃羊肉和山羊肉。而宰杀是顿巴即铁匠人家的工作。一般很少直接食用，大部分人家以风干的形式保存肉食。另外，用羊、山羊、母牛、左母的奶制作酥油和曲拉。用羊毛进行初步的纺织，再用手工制作成上等的纺织品。

在嘎登村，每户人家平均有 2~3 头牛（牦牛）、20 多只羊（山羊）。因冬季饲料供应困难，故饲养数量一般不会超过上述数据。与藏地北部的平原地区相比，位于喜马拉雅南部的拉胡尔地区冬季积雪量过大，很难从事放牧。夏天收割草料储备，并搭建冬季要用的搭棚。牲畜的数量则由各家的人力、草场的大小和牲畜圈养棚等条件而决定。

综上所述，拉胡尔的传统产业——农业和畜牧业，因其经营规模的扩大凸显出新的特点和难题。农业方面受到了耕地狭小、耕作时间短暂、水资源困难等条件的限制。而畜牧业方面，为了确保自家食物和羊毛的产量，实际饲养的牲畜数量受到限制。这样一些产业系统扩大面临的困难，或这种零和性的条件，是影响拉胡尔社会家庭的状态和个人活动的根本性原因。

第三节　嘎登村的家庭经营

1987 年的嘎登村有 26 户庆木。庆木在日文中刚好与家“イエ”一词相同，除了有房屋本体的意思之外，还引申为从祖先一直继承到子孙的一种理念性的存在。像庆木和庆米（家族之意）的概念，才是理解人类社会活动最重要的钥匙。特别是两者之间存在的概念群矛盾，有时会引起一种无法解决的二难推理，不只是人们的行动，在精神生活方面的影响也是不言而喻的。

嘎登村的各个庆木都拥有一种庆芒（家名之意）。例如，住在嘛呢石附近的就叫嘛呢巴，而世代为拉杰（医生之意）的人家就叫作拉杰巴。事实上，大部分庆芒的由来是不明确的。

嘎登村的经营基本上以庆木为单位。村里举办各种活动时，每个庆木都要有一个代表出席（原则上由家长出席），行使水利和草地的使用权。集体放牧或寺院的责任等也都以庆木为单位。例如，在田地灌溉的维持和管理等方面，各个庆木以自家拥有的使用权大小提供劳动力。26 户庆木中，顿巴 4 户和其他庆木之间存在很大的社会区别。

顿巴是指从事传统锻造业的家庭。（目前村内从事铁匠工作的家庭已锐减）事实上，在整个藏民族区域视锻造工作为贱业而歧视的现象并不少见。在拉胡尔，顿巴与其他村民在民族识别上也有区别。其他村民在容貌上相近于蒙古人种，而顿巴则与印度的雅利安人相近，其语言也属于印度雅利安系。虽然他们属于藏传佛教徒（村里也有顿巴的僧人），但他们至今仍祭祀湿婆神，由此可以推断出他们过去信奉印度教。通常村里的平民不会与顿巴通婚，村里的各种活动他们也仅以乐手的身份参加，村民也不会以一般客人的身份邀请他们。顿巴除了从事锻造业外，也拥有少量的农田，他们还会承担村子里宰杀牲畜的工作。

除了顿巴之外，其他庆木原则上是平等的。村里也没有明确的领导人，集会的座席顺序是按照年龄排定的，原则上也以合议为基础。各个庆木之间实际上有一种潜在的竞争关系，这种竞争主要体现在经济上的成功和庆木的财富集聚。

在村里实际的社交活动中，各个庆木炫耀财富的机会特别多。如，办喜事或男孩的剪发等仪式一般会持续数日，费用很大。剪发仪式分两种形式：一种叫作拉路达库斯，另一种叫作果次。拉路达库斯是在夏天为新生长子举行的仪式，宴会持续 4~5 天，通常主人家会准备 500 瓶阿拉（青稞酒之意），还会宰杀 1 只羊。村里虽无义务，但在 1987 年举办的一场拉路达库斯宴会仪式花销的费用近一万卢比。果次是在冬天为所有新生男婴举办的宴会，新年结束后紧接着就会举办果次。比起拉路达库斯来，其规模较小，宴会只有两到三天。与拉路达库斯仪式不同的是，果次仪式是每户庆木的义务。

另外，有的庆木将寺院的《甘珠尔》请回家举行诵经会，再请 30~40 个僧侣诵读全部《甘珠尔》经卷，持续 5~7

天时间，期间需要承担所有僧侣们的布施和供养等，开销一般达 3~5 万卢比。

特别是结婚典礼或剪发仪式中的强毛角色，通常是由主办庆木邀请的一位未婚女性扮演的。她佩戴绿松石等各类藏地宝石和金银饰品，身穿传统民族服饰给客人们敬酒。而强毛角色也就成为直接炫耀该庆木财富的载体。

如此炫耀财富并不会直接联系到权利本身。但是，如果庆木不能举办这种半义务性质的仪式和宴会，就会被认为是一件不光彩的事情，从而也成为父母们不想把女儿嫁给贫穷庆木的一种理由，由此引发一些不必要的纠葛。

嘎登村的庆木内部拥有多个劳动力聚集财富，而防止庆木的分裂就需要一个有利的投资点。众所周知，庆木的分裂不只是财富，对劳动力也会造成极大的损害。比如在一场盛大的宴会和仪式中，得到周围群体稳定的评价而继续生活或许是庆木最理想的状态。

然而，现实生活中庆木的分裂时有发生。就像前文所提及的，从未分裂过的庆木，即一直将祖先的财产保持完整继承的庆木被称为糌库巴（即一户），已经分裂过的庆木被称为帕库巴（即半户）。嘎登村现有的 26 户庆木中，可称一户的仅有 7 户。村里的老人说：起初村里只有 12 户庆木。一户庆木对应一个庆米，庆米包括父系亲属、配偶和其孩子们，以及未婚女性亲属等。

庆木中的男性，原则上根据世代上下和年龄的长幼来选出雍达（家长之意）。雍达除了因体力或其他问题而无法担任以外，一般由最高世代的年长男性担任。雍达一年中的大部分时间必须要住在村里，管理庆木及其财产。而长期在村外活动或住在寺院的僧侣，即便是最高世代的长者也没有资格担任雍达。

庆木中的男性成员无论身处何处，只要不提出分家的要求，就一直是其成员；而女性一旦出嫁，就会变成丈夫的庆木成员；招婿随妻，女性仍属于原来的庆木。

另外，在庆木的女性当中会选出雍达毛，也是以世代的高低和年龄的长幼为标准。因此，雍达毛不一定就是雍达的妻子。

庆木的经营以雍达和雍达毛为中心轴。对外，雍达作为庆木的代表参加各种社交活动，而且必须要与其他雍达进行交涉，从而调整相互之间的利益；对内，雍达管理庆木的一切财产，并根据实际情况适当分配其他男性成员的投资。另外，他们还有义务供奉各庆木的守护神。各庆木供奉的守护神大概有五种类型：①游拉（地方神）；②宋玛（守护神）；③帕拉（父系神）；④西达（地域神）；⑤撒达（土地神）。

雍达毛作为雍达的辅助者，肩负着经营庆木日常生活的责任，而且拥有分配其他女性和孩子们家务的权利。虽然在拉胡尔大部分农耕都由女性来完成，但大部分雍达毛会留守在家里承担日常的做饭和洗衣等工作。她们因为负责做饭和供暖的工作，故而在铁制火炉旁的灶门口有固定的座位，这也象征着雍达毛牢固的地位。雍达毛以外的其他后嫁的女性们占据屋里的下座。

虽然与庆木相对应的庆米的成员很明确，但因此而把庆米理解为意义上的“集团”是不恰当的。庆米的成员可以是庆木的一员，也可以完全分开居住和剥离生计。

1991 年，嘎登村有 86 个 25 岁以上的男性人口，在村里具备生活基础的却只有 36 人，其余 50 人中有 8 人为僧，这 8 个人基本上都在寺院生活，其余的 42 人（包括学生）

在村外生活。

我们以嘎登村塔玛苏庆木的庆米构成为例（见图 3-3）。

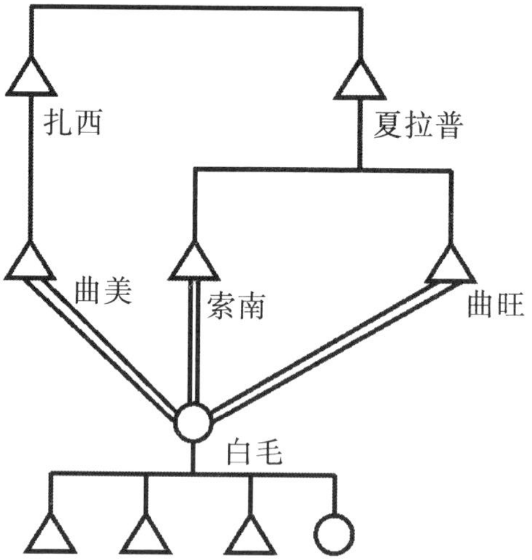

图 3-3　塔玛苏庆木的庆米构成

曲美、索南、曲旺是表兄弟和兄弟的关系，他们共同拥有一个妻子，即一妻多夫制。扎西、曲美和索南的生活基础在村外，留守在村里的只有雍达夏拉普和其儿子曲旺。三人共同的妻子白毛平常与索南生活在一起。曲旺是白毛女儿的父亲。1990 年，曲旺与白毛解除婚姻关系后再婚。

一般在村外居住的庆米成员与庆木的关系非常微妙。原则上庆木的资产利益都是庆木的共同财产，必须要委托给雍达管理。然而，在村外生活的庆米成员，即在政府或公司上班的人可以自由使用其工资。在上述案例中，在村外经营商店的扎西和索南的条件最好，而在村里耕田和饲养牲畜的曲旺与雍达生活在一起，资金周转比较困难。

因各庆木的情况不同，故不能一概而论。雍达能完全掌控的收益几乎都在村内，而个人在村外的经济活动所得到的收益基本上都可以自由使用。不过村里也有当兵的男性退役后将其安置费都交给庆木而被村民称赞的案例。也就是说，在村外生活的庆木成员为庆木所做的贡献是一个道德问题。

庆木的财产一般由男性亲属继承。财产包括祖传的房子、农田、家畜、佛教用具、装饰品，以及各种生活用具、灌溉水路和草场的使用权，还有在村外经营的商店或果园(近年来在村外搞经营的庆木数量持续增加)。

出嫁的女性虽不能继承房子和农田，但她们结婚的时候随嫁的衣服和装饰品、随礼的钱财等都属于个人财产。

关于家产的权利，在父亲去世后由儿子们平均继承。例如，庆木中有三个儿子，即每人都有权继承三分之一的财产。一妻多夫制也同样以此原则实行继承权，刚出生的男孩们由母亲认定各自的父亲，且拥有各自父亲的财产继承权，即才让的财产由才让的儿子继承，扎西的财产由扎西的儿子继承。

在此类情况下，当妻子分配给某一个丈夫的儿子的数量产生偏向时，继承权也会产生偏向。比如，在两个丈夫共有一个妻子的家庭中，一个丈夫被认定为三个儿子的父亲，而另一个丈夫只分到一个儿子时，他们的继承权就会产生三倍的差距。而没有分配到儿子的丈夫，也就意味着其丈夫立场的削弱。因此，实行一妻多夫制的庆木一般会考虑平均分配。

最先出生的儿子会分配给年长的丈夫，第二个出生的儿子会分配给第二位丈夫，以此类推。几个丈夫中因工作原因常年外出者，自然就不会分配到儿子。

以上分配儿子的方法只适用于男孩，女孩则不存在这些问题。孩子 6 岁左右便能在兄弟中认出自己的父亲，但对其他的叔父们（父亲的兄弟们），同样也会叫阿哇（父亲之意)。

在嘎登村，只有在父亲离世后才可以要求分配财产。一旦决定分配财产，庆木祖传的所有财产和权利都将严格按照其权利进行分配。除了土地和钱财直接分配外，有时会出现一头牛得分成两半的情况。此时，按市场估价，一方会分得牛，然后付半价给另一方。

水利权方面，如半天的水利权按 4、6 或 8 小时制进行分配。水利的义务劳动，即修建或修补水路等劳动各自承担。

分配后的庆木具有较强的独立性，完全可以经营独立的生计，不会形成像藏斯卡和拉达克地区的帕斯平那样的互助性家庭联盟。

通常情况下庆木的家名不会发生改变，村里的复数家庭在分裂后拥有同样的家名。例如，嘎登村的噶巴（家名）家为三户，村民会用家长之名来区分这三户人家。笔者居住过的庆木的家名将家长多杰的名字设在前面，故而村里人都称其为多杰噶巴家。

下图为 1987 和 1988 年连续发生分裂的嘎登村塔切吉（家名）家的案例（见图 3–4）。

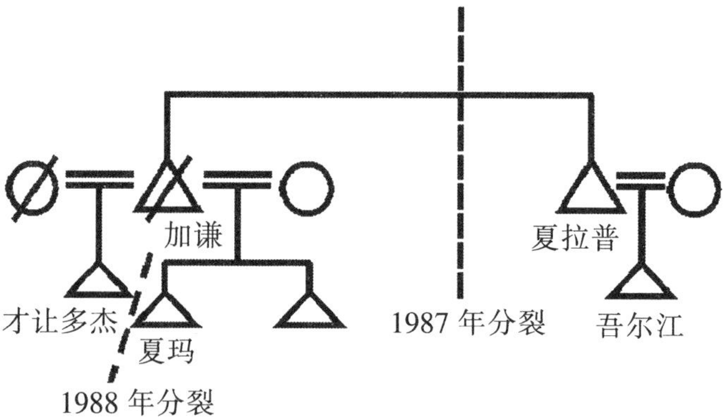

图 3–4　塔切吉的分裂

塔切吉家的家长夏拉普的弟弟加谦，和第一个妻子生了一个儿子，又和第二个妻子生了两个儿子。1987 年加谦离世后，他的孩子们要求分配家产，按照惯例（因为夏拉普和加谦拥有平等的权利），以一分为二的方式分配其财产。因为才让多杰和夏玛在库鲁经营果园，夏拉普在嘎登村居住的房子未进行分配。1988 年，加谦同父异母的孩子们之间又产生分裂，才让多杰继承了一半的财产，夏玛和弟弟继承了另一半家产。村里人说，1987 年的财产分配是因为夏拉普和才让多杰不和，而 1988 年再次分配家产理由不明。最后的结果是夏拉普、夏玛、才让多杰分别以 3:2:1 的比例继承了所有家产。夏玛和才让多杰的生活基础都不在嘎登村，因此他们所拥有的田地并没有交给夏拉普管理，而是被其他庆木所借用，有关田地的义务劳动自然也由借用之家所代理。上述塔切吉的事例是近年来村里最典型的分裂案例。

如前所述，在拉胡尔，土豆等经济作物的成功引入使得村民的收入得到提高。而收入增加了的村民经常会找机会投资，他们的投资目标基本上都是拉胡尔南边库鲁的果园和马拉里的酒店等商业经营。处事精明（马拉里人这样评价拉胡尔人）的拉胡尔人虽然在经营方面非常成功，但他们的庆木中有很多独立生计的人。而在村外出生的拉胡尔人本来就不太留恋拉胡尔的庆木，因此分裂的倾向也越发严重。原本是为了增加庆木的资产而出村投资的，反而导致庆木分裂的局面。

嘎登村的继承方法是均等继承，只有父亲去世后才可以行使分配权。然而，庆木作为家族的根据地，他们希望不要分配财产，从而维持庆木为其最好状态。家和家族，即庆木和庆米的诸概念中存在很明显的矛盾问题。

作为一种象征性的空间，村落的构成要素是祖传的权利和义务关系的执行主体。在此，以雍达为基础，以不分割财产为前提的庆木概念被称为庆木原理。而在一妻多夫制婚姻形式中，特定的父子关系被确认并以此为基础实行财产继承。在庆米中，其他父子关系存在分离倾向的诸家族概念被称为庆米原理。

庆木原理超越了利己主义，强调和睦，重视庆木的世袭意义，可称得上是“集体志向”。而庆米原理则反映个人意志和行动意义，可称得上是“个人志向”。庆木原理和庆米原理，即集体志向和个人志向之间的问题如何解决、如何共存，也将成为村里社会生活各种领域中的一大难题。下一节将细述此问题，以及婚姻和玛库巴（女婿之意）的案例。

第四节　嘎登村的婚姻与女婿

一、婚姻

在拉胡尔，也存在男女两家以商议的方式决定结婚的现象，但大部分都是从恋人关系发展到结婚。村里还保持着一种深夜私通的习俗，未婚男子会在深夜悄悄地去私通心爱的女子。这被称为旬巴，即夜里的男人。

一旦正式准备结婚，首先男方会要求第三方的老人去女方家进行交涉。老人拿一瓶阿拉去女方家，如果谈妥了就开瓶喝酒，没谈妥就把酒拿回来。

其次是男方的家人提一些阿拉和瓶装的锵（即浊酒），与女方见面后才正式决定结婚。第二次谈话结束后就可随时抢新娘，但具体时间等内幕有时连新娘本人也不知情（见图3–5）。

图 3-5　掠夺婚

当然，除了掠夺婚，还有其他结婚方式，一般的婚宴，首先在新娘家持续 3~4 天，村民称其为切吉。通常掠夺婚（当地称其为“昆玛衣巴库斯屯”）较为普遍，主要原因是掠夺婚的婚宴在两天内就可全部结束，花费相对较少。另外，尤其是当新娘家中发生不幸时，必须要推迟婚期，所以村里不少人实行掠夺婚。

还有一种情况是，新娘一方不肯痛快地将自己的宝贝女儿嫁出去，最后迫不得已才会松口答应，实际上也有一种合谋演戏的意思。姑娘到了婚嫁年龄本是家里最能干的时候，嫁了人会给家里带来很大的经济损失。

在拉胡尔，顿巴只会与顿巴结婚，其他的村民（即平民）不会与他们通婚，时至今日，村里几乎没有出现过顿巴与其他村民结婚的案例。一般平民相互之间都可以通婚，但前提是要特别重视在藏民族文化圈里并不少见的里巴（骨之意）和夏（肉之意）的概念，这个前提是绝对不能破坏的。

骨和肉是父母在交媾活动中传递给胎儿的一种天性的观念。当地村民都是特定的骨和肉的组成。笔者居住过的噶尔巴家的人认为孩子们都拥有克努果巴和灰格巴两种骨名，孩子们的骨是父亲的骨，而肉是母亲的骨传递而形成的，即噶尔巴家的父亲多杰的骨为克努果巴，而母亲白毛的骨为灰格巴。

在嘎登村，骨和肉的名称有七种，即克努果巴、龙千巴、灰格巴、切巴巴、米路巴、达鲁帕年赞及朗谦。拥有同一种骨名的男女即使没有血缘关系，也绝对不允许通婚。在骨的概念当中，拥有同一种骨名的人都是兄弟姐妹的关系。因此，他们之间的通婚等于乱伦。当男女之间互相知道拥有同一种骨名时，他们互称兄弟姐妹，一般有关性方面的玩笑都会避免。即使未婚男女一见钟情，只要他们知道双方拥有同一种骨名，就会自觉地终止恋爱。村民们基本上都知道彼此的骨名，而拥有同一种骨名的男女不会对对方产生男女关系方面的想法。

如后文所述，在巴嘎山谷上游区域脱多，发生过以前的领主与和他拥有同一个骨名“觉”的女性结婚的案例。（参照第三章第七节）然而，最后他们因此而永远失去了高贵的“觉”之骨名，后来他们家只能换别的骨名。

表 3–4　嘎登村的通婚圈

	村内婚姻	配偶者一方为村外籍贯		
		村外普纳姆内部	普纳姆以外，拉胡尔以内	拉胡尔以外
顿巴以外的村民通婚数	7	60	1	4
顿巴的通婚数	0	6	7	0

表 3–4 为 1990 年调查的 85 个婚姻事例通婚情况的总结。村里 26 户庆木中只有 4 户为顿巴，调查事例虽少，但顿巴和其他平民结婚方式的差异是非常明显的。

其他村民的结婚范围虽然也超出了同一种语言区域——普纳姆地区，但结婚总比例只有大约 7%。而顿巴的结婚范围几乎有一半以上超越了普纳姆地区。也就是说，顿巴拥有独自的语言，故而他们在拉胡尔地域内拥有既广泛而又独立的社会网络。

嘎登村的结婚形式有单婚制和一妻多夫制，其中一妻多夫制占多半。虽然他们也承认与一妻多夫制相反的一夫多妻制，但实际案例非常少，嘎登村只有一家为一夫多妻制。而这唯一的一夫多妻制家庭中的两个妻子各自和她们的孩子们分别居住在拉胡尔和马拉里，实际上类似于婚外恋。

嘎登村的 26 户庆木中的 9 户，再加上邻村 37 户庆木中的 15 户，均为一妻多夫制。也就是说，占整个比例的四成实行了一妻多夫制。而顿巴社会中并无一妻多夫制的庆木。

一妻多夫制的形式为，长男娶妻后，与次男和三男共有妻子，有时同一个庆米中的表兄弟也可以参与其中，但即使是兄弟，如果不是同一个庆米的，也无权参与。另外，弟弟后来娶的妻子兄长不能与之共有。

次男以下结婚时不举办仪式和婚宴，只是在家族内部商议决定。而此时，至少兄长的妻子不会拒绝自己的丈夫与弟弟们共有弟弟之妻，而在弟弟们的立场上，要不要与兄长共有妻子，这是他们的自由。

关于晚上谁与妻子同房没有明确规定，但同房者必须要留一个记号，比如把帽子等贴身物品放在屋外，好让其他兄弟知道自己在妻子的房间里。

有关在一妻多夫制关系中出生的孩子，由母亲来认定孩子的父亲等内容前文已有详述。而孩子在称呼方面，即使父母不是一妻多夫制的关系，孩子们也会称呼父亲与父亲的兄弟们（叔父）阿哇。同样，自己的兄弟姐妹与表兄妹之间的称呼也没有区别。

站在父亲的立场，对自己的孩子与兄弟的孩子的称呼是相同的，对自己的妻子与兄弟的妻子的称呼也是相同的，即在称呼上，父子和叔侄关系、兄弟关系与表兄弟关系之间并无区别。即使在一妻多夫制家庭里出生的孩子们实际上都知道自己的父亲是谁，但还是会把母亲的丈夫们都叫成阿哇，同母同父的兄弟姐妹和同母异父的兄弟姐妹之间并无区别。站在父亲的立场上，对自己的孩子们和外甥、外侄们的称呼没有区别，对兄弟的妻子的称呼与自己的妻子的称呼也是相同的（见表 3–5）。

表 3–5　普纳姆（嘎登周边）亲属称呼体系的部分内容

与本人的关系	称　呼
父亲与父亲的兄弟	哇(兄弟中年长者称贴阿哇,次男以下为白才阿哇、爸拉阿哇、阿哇才等)
母亲和母亲的姐妹,父亲的兄弟之妻	阿妈
兄弟与表兄弟	觉(兄弟中年长者称阿觉;次男以下比自己年长者称觉觉,比自己年少者直呼其名)
姐妹与表姐妹	姐(姐妹中年长者称阿姐;次女以下比自己年长者称阿部,比自己年少者直呼其名)
妻子与兄弟的妻子,表兄弟的妻子	德库撒
儿子与兄弟的儿子,表兄弟的儿子	部擦

在频繁的一妻多夫制中，以兄弟之间的和睦与团结为目的，可以说以上这种亲属称呼系统已协调地融入在家族中。

实际上，父子关系有着很深的意思，即便如此他们依然重视兄弟间的羁绊，避免家族内存在特殊的父子关系。庆米原理作为思想体系隐藏了庆木原理。换言之，家族的称呼系统适应了庆木原理。

一妻多夫制是一种以兄弟间和睦与统一的庆木为理念的婚姻形态。因为兄弟间的家产分配拥有潜在性的继嗣权，一旦他们进入一妻多夫制关系中，就会丧失创建新的庆木的权利。而在现实生活中，兄弟从一妻多夫制关系中脱离的事例并不少见，而他们必须与妻子和兄弟们协商同意后方可脱离原有的关系。在嘎登村，从一妻多夫制关系中脱离的男性与庆木分开后从事个人生计的较多。

实行一妻多夫制的理由经常被认为是："因实行一妻多夫制，故可防止家产分配。"这种说法并没有错，但很容易误解为"不实行一妻多夫制就容易导致分裂"，而"实行一妻多夫制就等于放弃家产分配权"。事实上，相近于"因不想分配家产而实行一妻多夫制"，选择一妻多夫制首先是为了实现统一庆木的理想状态。

当然，不分配家产对于庆木是一件非常重要的事情。但为了家产而实行一妻多夫制，即考虑一妻多夫制的功能后而选择一妻多夫制和为了实现其理想状态而实行一妻多夫制，即基于某种价值观而选择一妻多夫制，它们之间是有区别的。

在我们的眼里，一妻多夫制是一种怪异的婚姻形式，这种想法的背后存在一种固定的概念，即结婚是一个男性与一个女性在性别上的社会关系。而且我们还存在一种思想观念，那就是结婚必须是基于男女之间最神圣的爱情。

在很多藏族社会中，一妻多夫制是一种传统的结婚方式，对于当事人而言，一妻多夫制只是最正确的选择，仅此而已。

虽说一妻多夫制是实现统一庆木最理想的婚姻形式，但在数量上还是单婚占据多数。

表 3-6 为嘎登村同属一个庆米的 27 个兄弟（包括表兄弟）的婚姻形式的总结。

表 3-6　嘎登村的婚姻形式

1	所有兄弟共妻	4
2	一妻多夫制兄弟与单身的混合	4
3	一妻多夫制和单婚的混合	4
4	只有单婚	15

目前已选择单婚的事例中包括实行一妻多夫制后其他兄弟都已过世的，以及将来有可能会发展成一妻多夫制关系的。所以从整体上来说，还不能断定一妻多夫制就是村里最主要的婚姻形式。选择单婚的理由各不相同，故不可一概而论，但未婚男女都有自由恋爱的权利。因此，即使兄长结婚了，弟弟们并不参与共妻，而与自己的恋人结婚的事例也很常见。

拉胡尔人在跨越性和扩散性经济活动范围内单婚的比例持续提高，故而减少了村外的庆木成员建立一妻多夫制关系。目前在拉胡尔受外部教育的青年占据多数，今后一妻多夫制的比例可能会持续降低。

一妻多夫制基于统一庆木的理念，可称其为集体志向的婚姻形式。单婚基于庆木分割的理念，可称其为个体志向的婚姻形式。

总之，庆木原理与庆米原理的对立性，即在婚姻形态上，拉胡尔社会的集体志向与个体志向的对立性表现在一妻多夫制与单婚制的对立。而他们虽然渴望一妻多夫制，却选择了单婚，是因为作为思想体系的庆木原理相比较于庆米原理，未必显得优越。

在以下玛库巴（女婿之意）的问题中将再次讨论庆木原理与庆米原理。

二、玛库巴

通常玛库巴是指女婿或外甥女婿，特别是当庆木中没有直系男性继嗣者时，招赘的女婿即为玛库巴，其前提为玛库巴必须要拥有与女儿不同的骨名。玛库巴生的孩子会继承父亲的骨名，即玛库巴的加入会使其庆木失去原有的骨名。

骨首先表现的是父系出身，就玛库巴的习俗，从拉胡尔社会秩序的原理来说，父系出身不一定是绝对性。当硬要把父系出身视为绝对性时，无直系儿子的庆木不会让女儿继嗣，而会选择让别的庆木中拥有同样骨的男性加入后持续继嗣。

当庆木中没有继嗣家业的儿子时，即使是为了继嗣而入户的玛库巴，如果成了庆木中最高世代的年长者，也有权成为雍达。但此时的玛库巴并无家产权，只有直系女儿才拥有家产权。村里不时出现妻子把玛库巴赶出家门的事例。

对于迎入玛库巴的庆木而言，是为了继嗣迫不得已才招赘女婿的。因为玛库巴入户他家而有可能会发生庆木的财产外流的现象，故而就玛库巴自身而言，入户别的庆木并非一件光彩的事情。以下两个事例就反映出玛库巴矛盾的立场。

事例 1：在古阿仓村的阿比吉家出生的根尕是一个密教行者，与重建嘎登寺院的名僧诺尔布同辈，两人曾在康巴地区（中国藏区）拜多丹释迦西里为师一起修行。

根尕返回拉胡尔后结婚并生有一女，因家中无男性继嗣者，迎入弟子索南丹增为女儿的玛库巴。根尕死后，其弟子旺乾多杰虽然成了他的转世，但在 10 岁时还没来得及进阿比吉家就夭折了。玛库巴索南丹增也没有儿子，因此为女儿白增迎入了玛库巴根尕，生育了六个孩子（见图 3–6）。

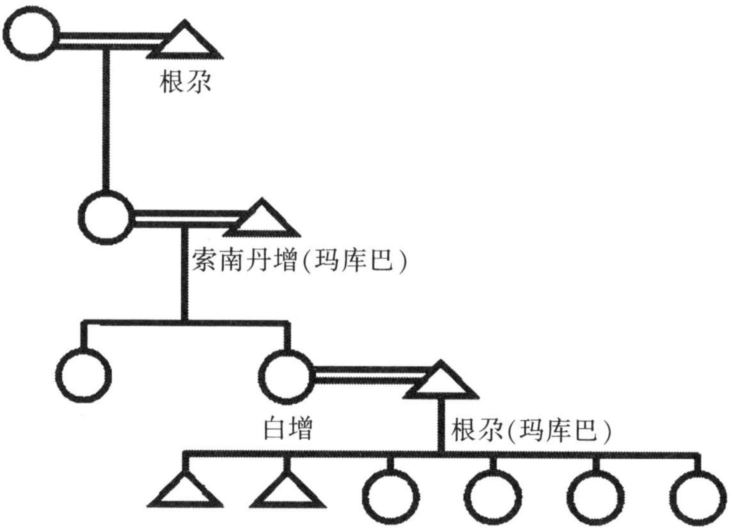

图 3–6　阿比吉

玛库巴根尕去世后，两个儿子请求玉阿苏（玛库巴根尕的老家）分割父亲的财产。最初玉阿苏并没有同意，后来发生了纠纷，遂将一部分财产分给了阿比吉。

上述为连续两代迎入玛库巴的事例，尤其是最初的索南丹增成为玛库巴以后，出现了岳父根尕的转世，可以说这是此事例的一个特点。虽然索南丹增最后没有认领孩子，但村民认为孩子与其岳父拥有同一人格，故而庆木的正统继嗣不是妻子白增，在某种意义上她父亲的转世才是真正的继嗣者。

通常转世喇嘛被寺院认定后要出家接受寺院的教育，但当他选择世俗生活后，白增和索南丹增就无权成为阿比吉家的继承者。

另外，为什么玛库巴根尕的儿子们后来要求分割父亲的老家玉阿苏的家产继承权？这个问题将在事例 2 中与玛库巴含糊的性格一起讨论。

事例 2：古阿仓村的杨嘎巴家有五个兄弟，其中一个出家了，其余四兄弟是一妻多夫制的关系，各自拥有自己的儿子。老四多杰后来以玛库巴的身份入户嘎登村的卡尔巴家，老五夏拉普也去马拉里当了玛库巴。而在卡尔巴家的多杰生育了四个儿子和一个女儿。

在古阿仓村的杨嘎巴家才让卓玛生的五个儿子中，虽然三个是一妻多夫制的关系，但其中的白玛南杰（被认定为是多杰的儿子）参军后解除了一妻多夫制关系，与别人结婚组建了新的家庭。

之后，多杰向娘家杨嘎巴提出要求分割属于自己的田地继承权。杨嘎巴不仅没有答应多杰的要求，后来事情还发展到告上法庭的地步。

根据多杰的主张，按惯例，他在杨嘎巴家拥有五分之一的家产继承权，但他在杨嘎巴家有一个儿子（白玛南杰），在卡尔巴家又有四个儿子（吾江和另外三个）。因此，目前作为卡尔巴家的雍达，他可以要求杨嘎巴家全部田地的$\frac{1}{5}\times\frac{4}{5}$，即$\frac{4}{25}$的田地。

杨嘎巴家和卡尔巴家之间进行了多次协商后决定，将多杰之前拥有的一半，即杨嘎巴家田地的$\frac{1}{5}\times\frac{1}{2}$，即$\frac{1}{10}$的田地割让给卡尔巴家。

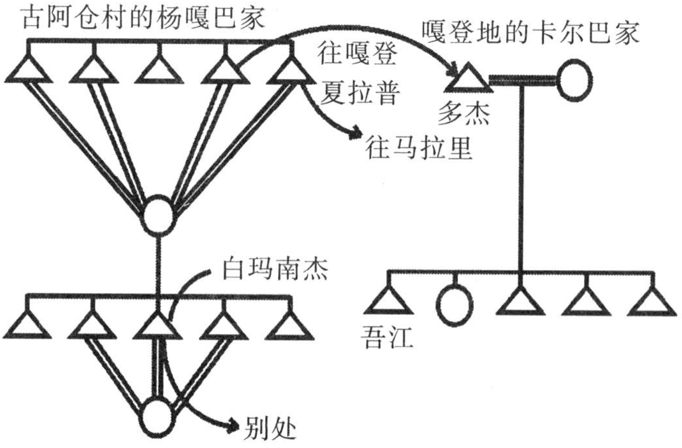

图 3–7　杨嘎巴和卡尔巴

以上两个事例都是玛库巴的庆木向其娘家提出要求分配财产。

前者为玛库巴去世后，他的孩子们要求对方分配财产；而后者为玛库巴自己直接要求分配财产。站在玛库巴的立场上，财产继承法本身就是从父亲到儿子的顺序继嗣，庆木的变动并不影响财产的继嗣。而站在娘家的立场上，玛库巴已经从原来的庆木中分离出去，故而并无财产继承权。

两个事例最终都变成了纠纷，换言之，有关玛库巴对于娘家的财产继承权在村里并没有明确的规定，但娘家最后仍旧承认了玛库巴对财产的一部分权利，这意味着在这种情况下，庆米原理通过父系路线的财产继承比庆木原理更为优先，即以实现庆木成员的团结和财产共有的理想为优先。

在事例 2 中，从多杰和白玛南杰的情况可以看出，解除一妻多夫制关系本身是一种违背统一庆木的行为。

以上旨在表现庆木原理和庆米原理的对立性，介绍了婚姻和玛库巴问题的事例。庆木原理和庆米原理在藏族社会中共存，是一套被社会所容纳的观念，即人们按照这种观念来选择个体行动，决定集体的构造，从而拒绝变动财产。

然而，庆米原理关系到多个理想与象征，在拒绝变动的意义上具有非时间性的特点。当然，理想和象征不管是状态性的变化还是其担任者的变化，都只能是一致的。

另一方面，什么是庆米原理？这个问题涉及到多个集团成员的权利与义务关系。因此，它可能会成为实现个人欲望的主张根据。在这个意义上，它可能会变成推倒固定集团应有状态的起因。换言之，在准备集团变化的意义上，具有时间性的特点。

下面我们做一个简单的总结。在嘎登村家族和亲属的概念群中可区别庆木原理与庆米原理，其对立性表现为集体志向与个体志向的对立；涉及到婚姻形式，表现为一妻多夫制与单婚制的对立。另外，作为两个概念群的内容，前者关系到理想与象征较多，而后者为个体或者有时还会联系到利己主义的行动较多。因此，就时间而言，可以说是非时间性和时间性的对立，或者说是拒绝变化与准备变化的对立（见表 3–7）。

表 3–7　庆木原理与庆米原理对立性一览表

	庆木原理	庆米原理
婚姻形态	一妻多夫制	单婚制
志向	集体志向	个体志向
特性	象征	个体行动
时间	非时间性	时间性

理想与象征性的东西、拒绝变化性的东西必定会在现实中受伤。然而，这些东西越是社会的中心原理，就越需要精心呵护。

在拉胡尔，庆木原理被庆木自身的分裂所威胁、所伤害，而其代价是庆木原理和庆米原理的对立性，通过遗留在“男性”和“女性”事项上的对立，对于“女性”事项给予否定的意义而实行。关于这一问题，下一节将详细论述。

第五节　拉胡尔的性文化

拉胡尔的女性都特别能干，当地的男性也承认这一点。女性的工作不光是庆木的所有家务，还有农田里的大部分活儿，其中包括将土豆装袋后扛到集中地这样的重体力劳动。她们对于在村外打拼的男人往往抱有庆木固有劳动力的期待，所以男人即使在村外工作，妻子留守在庆木，但至少在夏季农忙时节会一直在村里劳动。

虽然在现实生活中人们依赖于女性劳动力，但在思想体系和礼仪方面对于女性持有非常消极和否定的态度。例如，对于庆木的分裂，村民们总认为是由于同一个家中复数女性之间的不和而造成的，特别是婚后女性之间的不和被认为是非常严重的问题。然而，为什么女性比男性更容易产生矛盾？有关这种两性差别的问题，村民们会用民俗本质论来解释，即女性在本质上比男性持有更多的姹夺（嫉妒心之意）。一位僧侣曾这样说：“女性比起男性拥有多出七倍的欲望，因此由欲望引起的嫉妒心非常强烈。”

庆木内的女性们不能忍受在雍达和雍达毛的支配下的生活，她们经常想分家独立生活。而这时人们就会非常渴望一妻多夫制的关系，这是因为村民们认为这种关系没有那么容易产生矛盾，而且还可以避免庆木内部同世代女性并立的情况。

人们认为嫉妒心这种情感会给庆木的团结造成非常大的威胁，而且它被认为是女性本质的属性。这一点在此有很深的意思。

嫉妒心不仅仅给庆木成员之间带来不和，而且当它非常强烈时，本人甚至会无意识地做出各种对他人具有危害性的行为。持有过度嫉妒心的女性，在拉胡尔巴嘎山谷中被称为列措妈，在钱德拉山谷中被称为达应或德应。事实上，在每个村子里至少有一位女性被如此称呼，好在村民们不会当着她的面儿这么叫。

被调查者说：列措妈拥有强烈的嫉妒心，就像大量的水从很小的容器里漫溢出来一样无法控制，但本人在那一瞬间却没有意识到已经对他人造成了伤害。事实上，所有人都有一定的嫉妒心，可以说谁都拥有列措妈的要素。其区别并不是质的差别，而是量的差别。因此，人们认为列措妈的衰老或皈依佛教会使其力量削弱。而拥有强烈嫉妒心的男性被称为公保，实际上村子里的公保非常少，而且其嫉妒的程度也要柔和得多。笔者在调查期间并没有遇到公保。

列措妈的危害各种各样，有人认为母牛的歉收、断奶到死产都是由列措妈引起的。而死胎就被称为列措妈赞切（即列措妈的食物）。然而，列措妈常常会侵入女性体内，被侵入者会表现出一种精神错乱的状态，或抓狂，或吃灰，等等。人们为了驱逐列措妈，或殴打被附身的女性，或请僧侣诵经。村民们和僧侣会对被附身的女性问各种问题，而列措妈（被认为藏在无名指中）借女性之口说出自己真正的身份。下面将列举村里发生的列措妈事例，事例中的姓名均为虚构（见图 3–8）。

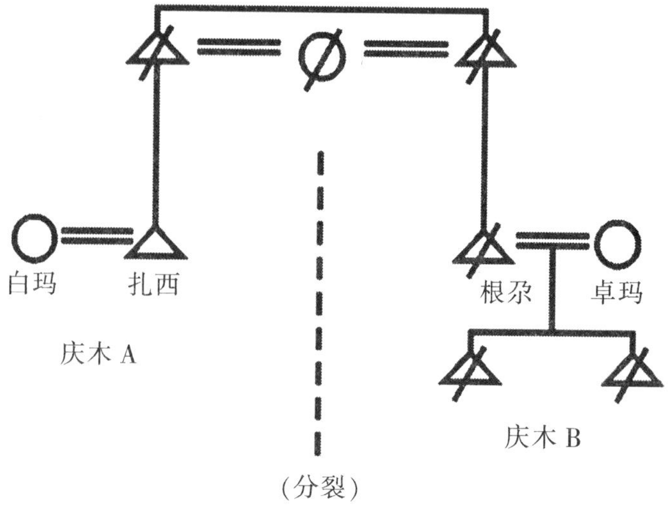

图 3–8　列措妈

庆木 A 和庆木 B 之前是一户庆木。扎西和根尕的父亲是一妻多夫制关系中的兄弟。扎西和根尕虽然各自娶妻生子，并未实行一妻多夫制，但其庆木并没有分裂。而根尕和卓玛生育了两个儿子，次子是哑巴。而根尕在 25 年前上山砍树时发生意外被树压死了。他去世后，扎西和卓玛分割了庆木各自生活。后来卓玛的长子病死了，次子也在 3 月份积雪期间进山失踪了，一个月后村民们才发现了他的尸体。

据调查对象说：家里连续发生此等不幸是因为卓玛是列措妈，之前扎西和卓玛分家也是因为她贪婪和孤傲的性格。又说，以前村里有姑娘被列措妈附身，那个列措妈就是现在的卓玛。

通常大家会认为，卓玛遭遇的各种不幸不但不是她的错，人们还可能会同情她，但因列措妈的坏心眼伤害了周围的人，故而人们认为她是家族不幸的根源。

另外，就像在卓玛的事例中看到的一样，被称为列措妈的多数女性自然也成了分裂庆木的元凶。但分裂庆木的女性不一定都是列措妈，而贪婪的女性也不一定都是列措妈。认定某个女性为列措妈似乎还有其他原因。

其中有一个有趣的现象——拥有旧领主“觉”血统的女性被称为列措妈的很多，卓玛的事例也存在同样的性质。村里有一个最典型的事例：拥有“觉”血统的庆木中的四个女孩都被认为是列措妈，在人们还没有认清其性格前，就已经因为血统关系而认定其为列措妈。

关于列措妈，不只是这些私下议论的传闻，在新年的哈路达仪式过后，藏历 1 月 22~28 日之间所有的列措妈都会聚集到一起摆宴。人们称其为列措坤斯，在此期间拉胡尔人会举行大型的驱逐列措妈的仪式。

调查对象说，每年列措妈都会在不同的地方聚集举行列措坤斯，但在藏历 1 月 27 日这一天她们一定会在钱德拉川和巴嘎川的合流点附近的刚嘎地区集合，而在 28 日会在钱德拉/巴嘎山谷的列措林摆宴。刚嘎作为列措妈的余兴之地，有一块巨石被认为是列措妈比赛所用的玩物。

在列措坤斯期间，人们为了防止列措妈的侵入，会在自家门口摆放镰刀、斧头等，并且燃起篝火。

孩子们骑着列措妈的坐骑库里卡，拿着列措妈的武器西路佩朵，即用桦木的小树枝做的硬扫帚，唱着以下歌词在雪地里到处游荡：

“列措妈，单果妈（女性生殖器的俗称）、邪眼的女人、妖精、邪恶的寡妇，请你离开吧。你一只脚在地上，另一只脚在空中。你鼻中冒烟、嘴里喷火，请你离开吧。你以人肠为腰带,以阔库次（瘤胃）为手巾,以普路普路次（网胃）为帽子，以库里卡为坐骑，以西路佩朵为鞭，你以心脏为婴儿，肝脏为头饰，请你离开吧。”

列措坤斯期间，如果晚上睡觉时，身体与房顶大梁交叉，就会有被列措妈侵袭的可能，因此，人们睡觉的姿势必须要与房顶的大梁平行。另外，在此期间，在以前的领主“觉”的公馆里居住的僧侣会举行各种向守护神和土地神的祈祷，而此时的僧侣拥有一种超能力，他们会在梦中得知列措妈的集合之地、失物所在地、年成的好坏等。

围绕列措妈这种概念，比起藏族社会，它在印度北部社会中有同样的习惯和共同点。在这种社会里追求兄弟间的和睦与维持大家族的同时，分裂责任被推向嫁进来的女性身上。而特定的女性被歧视，即看了别人一眼就会有一种邪恶的力量，这种现象在印度北部社会中广泛存在。

然而，重点并不是某种概念和习惯的起源存在于其他社会中的事实，而是庆木原理与庆米原理的对立性，即拉胡尔社会中的集体志向与个体志向的对立，时间性和非时间性的对立，转移成“男性”和“女性”的对立，这才是重点。因为男性是庆木直系的正统成员，而女性则是从外部进入庆木的非正统成员。因此，她们会成为对庆木内部造成不和的一种存在。可以说，男性是庆木原理的体现者，而女性则拥有分裂的性质，是庆米原理且被否定的体现者。

女性在本质上拥有大量的嫉妒心这样一种破坏性的情感。因此，特别是嫁进来的女性，是扰乱庆木和睦的一种危险性存在。而列措妈是被嫉妒心这样一种情感把女性的性以某种奇异的形式而形象化的存在。列措坤斯期间，列措妈不只是会给个人带来伤害的可能，更是扰乱社会秩序的一种存在（见表 8）。

表 3-8 “男性”与“女性”对立的附加内容

	庆木原理	庆米原埋
婚姻形态	一妻多夫制	单婚制
志向	集体志向	个体志向
特性	象征	个体行动
时间	非时间性	时间性
性别	男性	女性

以上拉胡尔的事例会给我们这样一种暗示：不单是在藏民族社会，在很多社会中对“女性”本身都有一种被否定的意思，都被认为是一种危险性和污秽性的存在。

庆木原理与庆米原理是从拉胡尔“家”和“家族”的诸概念当中区别出来后简易命名的两个概念群，其对立性是表现在集体志向和个体志向、象征和个体行动、时间性和非时间性的对立这样一种拥有人类事态中普遍性矛盾的表现。

一般集体性的价值与社会性的象征是肯定会带来威胁并且会受到伤害的，因为在现实生活中，它会不断地反抗正在发生变化的事实。特定的价值和象征会因社会的变化以及不合于时代的状态而被放弃，或者常常会被外部力量强制性地破坏。如，追溯日本近现代史，同样也能举出多个事例。

然而，如拉胡尔的庆木概念，当乡土和血缘关系的价值原理越是深刻，人们对变化的抵抗在其心理和社会的性质上就越发严重。拉胡尔男女的诸概念，即性别在某种意义上是庆木原理的拥护者，拥有补偿失败的思想体系的技能。当然，它应该不是一种意图性的捏造。在与印度社会的接触中，人们逐渐把列措妈的概念引进来并在当地扎根，一直发展到大规模的礼仪，这应该需要社会的心理请求。在这个意义上可以解释为，列措妈的礼仪是为了让人们相信可以应对社会秩序的危机。

一般来说，“男性”与“女性”的二项对立性，有可能成为表现人类事态矛盾的外形符号。事实上，对于两性的对立性，有圣与俗、文化与野生之意，即女性不如男性，有时候女性被认为是一种危险的存在，而这样的现象在很多社会中都存在。

两性的对立性拥有的象征性意味不会只停留在其象征性之上。对于女性实体上的歧视，是从两性之间财产分配的公平或剥削劳动力等各种形式的暴力行为而来的。

第六节　嘎登村的家庭构成变化

如上所述，1991 年村里的庆木总数为 26 户，庆米总数为 258 人，其中男性 136 人，女性 122 人。其中，包括僧侣 11 人和尼姑 9 人，他们主要居住在嘎登贡巴（寺院）。

2000 年，有 1 户阿比吉庆木搬到邻村的古阿仓，之后庆木的总数为 25 户，而总人口增长到 288 人，其中男性 151 人，女性 137 人。从 1991 年的平均每户庆木 10 人增加到 11.5 人。同时，僧侣和尼姑的数量出现减少的现象，僧侣 7 人，尼姑 8 人。

1991 年，实行一妻多夫制的庆木有 9 户，虽然其中 2 户因丈夫或妻子的死亡而解除了一妻多夫制关系，但之后又出现了 2 户一妻多夫制关系的庆木。整体上，从 1991 到 2000 年实行一妻多夫制的只有 9 户，没有任何变化。然而到了 2000 年，村里实行一妻多夫制的最年轻的男性为 37 岁，由此可以预测，将来一妻多夫制的数量很有可能会减少。

嘎登村 1991~2000 年最显著的变化是庆木分裂的现象减少了。期间，被分割的庆木只有一户。他们居住在拉胡尔以外马拉里地区经营商店（共住且拥有家庭的诸技能），而以嘎登村为根据地的原来的庆木一直未被分割。可以说，嘎登村村民拥有强烈的意识以某种社会目标来回避庆木的分割。

即使不实行一妻多夫制，兄弟间也会像上述事例一样很少有人使用分割权。在包括嘎登村在内的拉胡尔山谷普纳姆地区，并未形成隐退家（康群）的习惯，基本上都是三代同堂。因此，构成庆木的成员是多数。

以下是多路巴（家名）庆木的构成示意图（见图 3–9）。

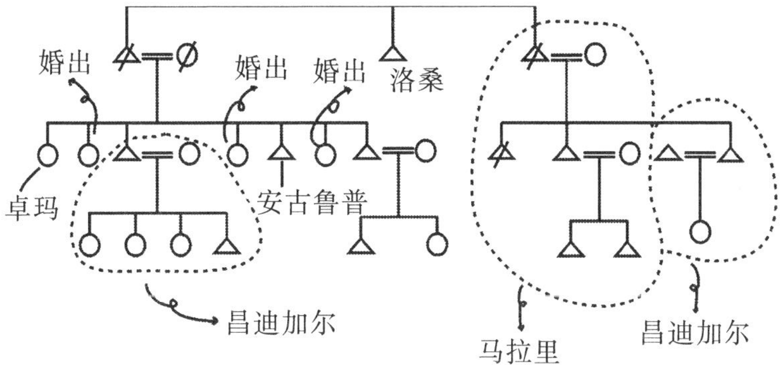

图 3–9　多路巴庆木的构成示意图

多路巴庆木中常住村里的只有家长落桑和侄女卓玛，以及外甥安古鲁普一家。庆木的其他成员在昌迪加尔和马拉里生活。在此类情况下，如果庆木成员不宣布分割，他们就依然属于庆木。

第七节　特诺村的家庭经营

特诺村也是巴嘎山谷沿边的村落，隶属于奇隆和普纳姆上游的脱多地区，与普纳姆不同的是，当地使用藏语方言。村落附近有被称为拉秀的秀巴（杜松）古木林。此树林被视为圣地，初潮的女性禁止入内。林中有被称为“葛庞怖达”的神树，在告知春季的仪式中人们会为其供牲活羊。

笔者在特诺村田野的时间特别短暂，于 1990 年 7 月份调查了两个星期。他们的家庭构造有着明显的特点。因此，笔者认为喜马拉雅藏民族诸社会中对家庭的比较研究有着重要的意义，在此简述其概略。

在特诺村，人们称家为康巴，大家为康牵，小家为康群。康群如后文所说，与斯皮提、藏斯卡、拉达克这些地方一样有隐退家的意思。孩子长大后家长雍达会把康牵让给他，使用房屋中的一两个房间独自建立生计。康群一般会小规模地耕作，但不会饲养家畜。而康牵必须履行康群的义务，即负担共同利益或为村里提供劳力等。然而，近年来，在特诺村康群拥有大量耕地和家畜的事例增多。因此，于 1990 年决定康群与康牵同样履行村里的各种义务。

调研时，特诺村有 26 户人家。其构成人员为 199 人，每户平均 7.7 人。虽然有康群的习惯，但实际上形成康群的事例特别少。26 户中只有 3 户为康群，与后文所说的斯皮提和藏斯卡的事例是有对照性的。

在特诺村习惯中有康群的形成，但实际上村内康群本身并非受欢迎之举。康群是防止家族之间的摩擦迫不得已才形成的一种形式。图 3–10 为康群形成的事例。

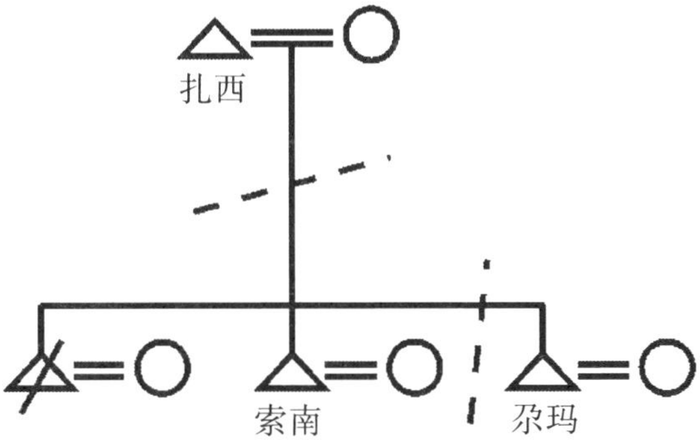

图 3-10　公巴巴的分裂

公巴巴的家长扎西的妻子和儿子索南的妻子关系不太好。因此，同一个家中扎西夫妻和儿子（索南的弟弟）尕玛共同形成了康群，组建了新家。尕玛结婚后，扎西的妻子与尕玛的妻子不和，再次分家。扎西分给他们的农田不是很大。因此，索南和尕玛轮流耕作农田，一方耕作时，另一方则租种别人家的农田。最后，扎西夫妇移住到康群；而索南和尕玛决定采用一种不太合乎规范的生活方式，即每年轮流居住康牵，一方住在康牵时，另一方则住在康群。

特诺村和嘎登村一样，每家都会祭祀各种地方神。例如，以下是尕里幺古玛家祭祀的地方神名：①游啦（村神）；②撒多格班；③菲啦（父系神）啦浪；④顺玛（守护神）多啦；⑤仓嘎路（白仓）。

有关骨和肉的概念在嘎登村有着同样的意味，然而在特诺村其种类有很多。例如，旦多巴 11 户，隆牵巴 5 户，克怒果巴 3 户，达巴年孜和益西啦巴各 2 户，美路巴和切巴巴各 1 户（见表 3-9）。

旦多巴骨和益西啦巴骨相当于特诺村的路思发。另外，目前拥有克浪巴骨的家长多布杰和弟弟多杰分别继承了切巴巴和克怒果巴的骨，因此，克浪巴骨是一个不太明确的存

表 3–9　特诺村家族栏

序号	家名	家长名	骨名	成员人数	
1	斐玛/果古玛	里古金	隆牵巴	18	
2	斐玛/姚古玛	云旦	隆牵巴	4	
3	斐玛/姚古玛	索南	隆牵巴	2	
4	博卡路巴	那旺/多布杰	隆牵巴	11	一妻多夫制
5	盖浪巴	多布杰	切巴巴/克怒果巴	7	
6	尕里姚古玛	旦却	达巴年孜	7	一妻多夫制
7	囊古玛	加木样	达巴年孜	7	
8	哈亚路巴		旦多巴	8	
9	美啦古巴	索南	益西啦巴	12	
10	塔巴	群多	克怒果巴	11	一妻多夫制
11	公巴巴/果古玛	旺杰	旦多巴	9	一妻多夫制
12	公巴巴/姚古玛	多布杰	旦多巴	9	
13	公巴巴/姚古玛	平措	旦多巴	2	
14	公巴巴/姚古玛	索南	旦多巴	4	
15	公巴巴/姚古玛	嘎玛	旦多巴	4	
16	公巴巴/姚古玛	达吉	旦多巴	8	一妻多夫制
17	撒路乔古玛	达哇	旦多巴	6	

(续表)

序号	家名	家长名	骨名	成员人数	
18	撒路乔古玛	平措/索南	旦多巴	6	
19	撒路乔古玛	达吉	旦多巴	6	一妻多夫制
20	撒路乔古玛	东知	旦多巴	7	
21	加布吉巴	里古金	克怒果巴	4	
22	加布吉巴	那旺/乔旦	克怒果巴	5	
23	古姆浪巴/姚古玛	旦增	隆牵巴	12	
24	田嘎巴	多旦	美路巴	14	
25	强古啦巴	才旦	切巴巴	10	一妻多夫制
26	嘎啦	帕里	益西啦巴	5	

在。传统的克浪巴骨是切巴巴，然而，多杰是他们的母亲与拥有克怒果巴骨的男性共同孕育的。虽然多布杰和多杰兄弟之间是一妻多夫制关系，但他们的孩子们被分成克怒果巴骨和切巴巴骨的拥有者（见图 3-11）。

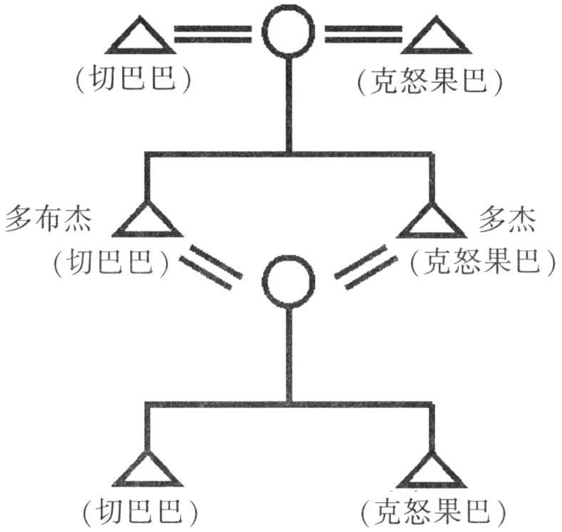

图 3-11　克浪巴骨（括号内为骨名）

另外，单嘎巴骨是20年前从村外迁移进来的，而之前拥有本来的奥赛罗巴骨（地主系统，被认为是高贵的骨）的男女之间发生过通婚的事例，因此失去了原来拥有的奥赛罗巴骨，他们现在的骨被认为是枚路巴骨。

村内实行一妻多夫制的有6个。另外，之前的一妻多夫制演变成单婚制的有2个。

特诺村的家庭经营方式为，兄弟之间均分财产，一妻多夫制作为结婚的一种选择而存在。这与拉胡尔的家庭经营有共同点。少数隐退家（康群）构成的习惯与后文所说的斯皮提、藏斯卡、拉达克的藏族社会存在共同点。特别是藏斯卡和拉达克地区一妻多夫制的实践在法律上是被禁止的，但其家庭经营方式与特诺村应该是相同的。在此意义上研究喜马拉雅藏族社会时，特诺村的家庭经营方式可以提供重要的观点。

第八节　拉胡尔社会的外向性

19世纪末的地方志文献提及当时多数拉胡尔人离开了拉胡尔本地，从事各种经济活动。根据地方志资料显示，贸易是当时拉胡尔三分之一男性的主要工作。他们各自拥有矮种马，或自营，或被旁遮普的商人雇用从事商业贸易，村里其他人也饲养能搬运货物的羊或山羊。从印度搬运印度蓝（染料）、大米、布料、黄铜和铜制品到拉达克或中国境内（西藏地区），他们以此交换杂货、羊毛、pashmina(喜马拉雅高级羊毛) 和食盐等。而冬季他们在库鲁、帕拉姆普尔和曼迪（喜马偕尔邦北部地区）等地经营酒铺，或投资巴达尔的蓝宝石等矿石。在拉胡尔采挖各种药材也是部分收入来源。

当地人普遍认可拉胡尔人的经济才能。目前，村里半数成年男性大部分时间都在村外从事国家公务员（军人、政府官员和警察等）、商店和果园经营等工作。

拉胡尔人外向性的生活方式与某个宗教性的殖民运动密不可分。1961~1963 年，安多（即中国青海省地区）果洛的一位藏传佛教宁玛巴所属的铁盾（藏经师之意）率领拉胡尔百余人开始了一项探索理想之都具榆（被隐藏的地域）的宗教性运动。他们在锡金的干诚章嘉峰周边探寻一个被称为德毛囧的具榆。在 1963 年春，率领者多秀林巴突遇雪崩遇难，整个运动宣告失败。

具榆一般被认为是佛教遇到危机时才能打开的一种具有宗教性的理想之都。人们认为它是真实存在的。因此，探索具榆运动具有一种殖民运动的性质。20 世纪初，在被称为日没的藏传佛教复兴运动影响下的拉胡尔，也许特别受教于当时的领袖多秀林巴（他自己也是日没系人）的佛教基础。

然而，拉胡尔社会的外向性志向发挥着很大的作用。在印度共和国成立之前，即封建领主支配的时代，拉胡尔人必须要根据分配的耕地履行进贡义务。当时的拉胡尔人按照领主的要求提供劳役，维持耕地和饲养牲口，还必须进贡谷物和金钱等，这样的情况对于拥有多余劳动力的大家族是有利可图的。然而，对于一个从事贸易工作的小核心家庭却是非常困难的，更何况是让他们从事大型集体活动。

从家的形态上设想当地的社会习惯时，确实会感到某种危险。但拉胡尔社会广泛实行一妻多夫制，重视兄弟之间的连带性等，这种特征是基于家里集中的资本和外地的投资等，对于这样一种活跃性的经济活动现象，可以说它是符合的。

虽然当今社会不存在各种进贡义务，但拉胡尔人仍然维持大家族，在外地积极地参加各种经济活动。兄弟之间的和睦程度关系到个人的社会地位和家庭的经济地位，这种传统价值观显现出在当代社会中仍然具有持续存在的意义。

图 3-12　拉胡尔领主家遗址

第四章　斯皮提社会的婚姻与家庭

第一节　斯皮提概述

斯皮提位于拉胡尔山谷东侧，北与查谟/克什米尔邦，东与中国西藏自治区，东南与喜马偕尔邦科努尔，西南与同州的库鲁接壤。行政区划属于喜马偕尔邦管辖，与拉胡尔共同形成一个地区。据 1991 年人口普查数据显示，斯皮提共有 81 个村落、2 425 户人家，人口总数达 9 591 人，其中男性 5 428 人，女性 4 163 人。

斯皮提各村落沿着斯皮提川的两岸分布，斯皮提川（下游为撒托拉吉河，贯穿巴基斯坦汇入阿拉伯海）发源于拉胡尔边界的更增山东部。斯皮提各村落的平均海拔为 3 000 米，个别村落的海拔超过 4 000 米。尤其是斯皮提山谷最上游的罗撒鲁到卡扎对岸的兰里库地区为脱多，卡扎到最下游的普吴地区为夏木，卡扎下游到斯皮提川右岸贯穿的地区为榀山谷。

与拉胡尔不同的是，这里语言环境单一化，斯皮提所有地区都使用藏语方言。宗教上除了外来者，原住民都信仰藏传佛教。但各寺院的教派不同，凯村、塔布村和旦噶尔村的寺院都属于藏传佛教格鲁派，卡扎的寺院为藏传佛教萨迦派，榀山谷的寺院为宁玛派。在斯皮提僧人必须严格进入各自出生村落所规定的寺院。例如，凯村寺院里的僧侣都来自脱多，即从斯皮提最上游的罗撒鲁到兰里库之间的16个村落。

历史上斯皮提与拉胡尔的统治各有不同，斯皮提长期被拉达克和古格藏系王朝统治，但其实权则长期被称为诺诺的地方领主所掌控。直到1864年，包括斯皮提和拉胡尔在内的Alpine punjap地区被割让给查谟的国王古拉伯辛格才结束其统治。同年，为了确保与羌塘高原的交易路线，斯皮提与东印度公司签订条约，正式成为英国的直辖地。

19世纪末，对斯皮提与拉胡尔共同著有非常详细的地方志文献，在此选摘其中几项重要内容。

当时的斯皮提人口大概是3 500人（根据1891年的人口普查）。实行长子继嗣制，父亲在生前将家庭财产交给长子继承。每间房屋平均住有3.6人，每个家族平均人口只有3.3人。家中只有长子结婚，其他兄弟都必须出家为僧，故不能实行一妻多夫制。但兄弟共妻的思想也未遭反对。如果其他兄弟没有出家，而且无土地可分时，可能会在暗地里实行一妻多夫制。

在斯皮提共有296块jeola，平均每户人家拥有5亩地。每户之间的区别如下：

（1）康牵巴：家长负责税务、劳役以及家庭开支。

（2）康群巴：家庭拥有的田地大小各异，拥有大量田地时需缴纳金钱和粮食等赋税。多数情况下只缴纳小额金钱，没有共同经费（是一笔不小的金额）和劳动义务负担。

（3）杨牵巴：比康群巴的房子还要小的居住者。

（4）多托鲁：依赖于康牵巴的家庭。只缴纳1~2安娜的赋税。虽然与康牵巴并无亲戚关系，但康牵巴会给其分配土地和房屋。

当时，斯皮提被分成五个阔提。从每个阔提中选出一名嘎啵牵毛的劳役角色，再选出一名嘎啵群刚的劳役角色。嘎啵牵毛负责调整阔提内的劳务关系和供给旅客的物资等工作。另外，领主诺诺被任命为斯皮提的司法权和收税权的代理者，而嘎啵牵毛也是他的顾问。

另一方面，嘎啵群刚作为苦工在嘎啵牵毛的手下工作，并担任征税的工作。但拉胡尔和斯皮提的居民对传统的权利心存敬意，不允许他的蛮横行为，而且当时的首长也向着民意。

斯皮提居民的性格可以这样描述："斯皮提人虽无上进心，但他们讨厌离开故乡的山谷。"

印度共和国成立之后，斯皮提与拉胡尔被暂时编入旁遮普邦，从1996年至今被编入喜马偕尔邦。

第二节　凯村

凯村位于斯皮提河左岸阶地海拔3 800米的高地之上，在村头能望见当地著名的格鲁派寺院凯村寺。面对矗立于山顶的寺院正殿，山腰密集的僧舍在周围荒凉的风景中显得更加壮观（见图 4–1）。

图 4–1　凯村寺

斯皮提共有 14 个村落属于阔提，英国统治时期凯村就隶属于阔提乔治。当时凯村共有 23 英亩的农田，一部分庄稼收成上交给 5 个寺院的其中之一，每年向政府缴纳 5 卢比的赋税，106 克（按当时的价格为 53 卢比）大麦作为寺院供奉品。

村落排列着平顶方形的传统藏式房屋，与拉胡尔地区不同的是，斯皮提的房屋墙面刷有白漆，窗户边刷有黑漆，可以说这种建筑景观更像藏式风格。2001 年，凯村有 34 户人家，共有 175 人。其中包括长期生活在寺院的 14 名僧人和 4 名尼姑（见表 4–1）。

表 4–1　凯村家族栏

序号	家长名	康牵和康群的分别	塔路	田地块数	成员人数	阶级
1	夏拉普/旦增	康群	0.5	2	4	乔藏
2	玛尼/宝迪	康群	0.25	1	4	乔藏
3	多旦	康牵	1	9	7	乔藏

（续表）

序号	家长名	康牵和康群的分别	塔路	田地块数	成员人数	阶级
4	旦增/拉杨	康牵	1	8	6	乔藏
5	拉杰/平却	康群	0.5	4	2	乔藏
6	才让/东知	康牵	1	5	7	乔藏
7	才让/达杰	康群	0.5	0	5	乔藏
8	洛桑/华旦	康群			5	乔藏
9	旦增/华旦	康牵（协哇）	1	11	2	乔藏
10	多杰/旦增	康群	1	4	5	乔藏
11	旦增	康群	0.5	9	5	乔藏
12	嘎藏	康牵	1	14	7	乔藏
13	安多	康牵	1	9	5	乔藏
14	旦增/却木	康牵（新）	1	14	8	乔藏
15	旦增/金巴	康牵	1	4	8	乔藏
16	洛桑/东知	康牵（新）	1	3	7	乔藏
17	旦增/多杰	康群	0.25	0	9	别他
18	才让/加布	康群	0.25	0	4	别他
19	白玛/旺杰	康群	0.25	0	4	别他
20	旦多/平措	康群	0.25	0	5	乔藏
21	南多/切林	康群	0.25	0	5	别他
22	切林	康群	0.25	2	3	乔藏
23	才让/扎西	康牵（协哇）	1	6	6	乔藏
24	才让/索南	康群	0.5	4	6	乔藏
25	塔巴	康群	0.25	0	4	柞

(续表)

序号	家长名	康牵和康群的分别	塔路	田地块数	成员人数	阶级
26	切林/多杰	康群	0.5	3	5	乔藏
27	多杰/旦知	康群	0.5	2	7	柞
28	才让/公保	康牵(协哇)	1	2	4	乔藏
29	扎西/南杰	康群	0.5	0	4	柞
30	班巴/才让	康牵(新)	1	5	9	乔藏
31	多旦	康群	0.25	0	5	乔藏
32	多杰	康群	0.25	0	2	乔藏
33	扎西/南杰	康群	0.5	0	5	乔藏
34	才让/卓玛	康群			1	乔藏

当地的传统产业是农业和畜牧业。4月份施肥、播种、牦牛犁地。为确保犁地所需的两头牦牛，凯村各家组织牧库托鲁牦牛队。凯村拥有田地的23户人家共组建了9个牧库托鲁。通常4月份播种大麦、小麦和豌豆，5月份种植土豆。目前经济作物豌豆在村里的播种率较高，土豆和小麦由于能在市场上廉价买入，已经停止播种。为防止连作，凯村播种大麦的第二年种植豌豆，第三年多半种植田玛那库啵(当地特有的豆类作物)或耕作油菜作物。虽然也有休耕期，但同样会施肥犁地。

夏季降水量少的斯皮提也必须通过水渠灌溉田地，而水的使用权也成为可继承财产的一部分。凯村的34户人家中只有13户被称为康牵。其中，有三户人家作为康牵撒巴(新康牵)，只能每四天使用一次水，而其他十户家庭每隔一天就可使用一次。21户康群从各家依赖的康牵处得到适量的水。

家畜统称为帕朗。凯村饲养的家畜有牦牛、母牛、左母、智（雌牦牛）、山羊和绵羊等。牦牛为雄性，即可去势的公牛（不可去势的母牛称为帕亚）。牦牛除了犁地时会用到之外，夏季被放养在山上，冬季则人工饲养。左母、智、山羊和绵羊等在村落和牧地之间放养，冬季同样也是人工饲养。村里只有15户人家拥有家畜，其中只有14头牦牛，可挤奶的母牛、智、左母20头以及80只山羊和绵羊。由于当地草场有限，冬季饲料获取困难，所以当地畜牧业规模非常小。

凯村从11月到12月会宰杀牦牛，牦牛肉会分给几户人家以做冬肉储备。然而，当地冬肉的来源并不是本地饲养的牦牛，而是北部高原（羌塘）的牧民为之牵来的。

第三节　社会阶层

在斯皮提，舅巴（血缘之意）、里巴（骨之意）都是通过血缘表现社会地位的词。虽然舅巴和里巴的观念在藏族社会圈中广泛存在，但其内容具有多样性，在地理上也存在很大的差异。

舅巴和里巴至少在凯村拥有同样的含义，却拥有两种不同的实质。其一是生来就被分类的身份，像嘉宝（国王）或诺诺（领主）、乔哇（宁玛派祈祷师）、乔藏（平民）、柞（铁匠）、别他（乐师）等。其中嘉宝或诺诺虽是王族，但在凯村没有属于这种身份的家，事实上，属于王族的很多家族早已失去其权利。目前在斯皮提地区，他们不跟其他低等身份的人通婚，只与像远方的拉达克和拉胡尔的王族或领主阶层通婚。

乔哇指的是用宁玛派的经书祈祷的宗教行者，他们像普通人一样结婚生子，且一般住在村里。乔哇家系出生的男孩，特别是被认为有能者才可修行成为祈祷师。乔哇没有固定的阶级通婚圈，通常与乔藏也通婚。在凯村只有一户是乔哇。

乔藏即平民，也是村里的多数派。在凯村 34 户人家中，25 户属于乔藏。

乔藏下面的阶级为柞，传统的职业是锻造。在凯村只有 3 户是柞，但实际上村里并无经营锻造的家庭。

柞下面的阶级为别他。凯村有 4 户人家为别他。别他即乐师，通常在婚礼或节日的时候演奏笛子或鼓，有时他们也会宰杀牲口。

柞与别他被认定为指定种姓。在斯皮提，他们既不能与乔藏通婚，也不允许在寺院出家为僧。

舅巴和里巴还有一个含义，即表现父系出身。例如，已分家而属于同一个父系出身的家庭成员，在相同舅巴和相同里巴的意义上称为舅巴吉或里巴吉。

与拉胡尔的骨一样，里巴也拥有各自的特定名称，如克怒果巴或灰格巴等。目前，在斯皮提根据里巴的名称严格规定外婚的习俗已不存在。然而，怪异的是，1899 年的地方志明确地记述着表现父系出身的里巴的特定名称。根据地方志的记述："在斯皮提有南多、加经巴、群波、隆牵巴、培尼鲁、聂巴等部族（tribal division）或阶级区分。虽然他们内部禁止通婚，但氏族之间可自由通婚。女性结婚后自然属于丈夫的部族，其孩子们也都属于丈夫的部族……这些部族不是限定的，任何村落都有他们的成员。当家庭内部没有直系继嗣者时，他们会优先考虑其成员来继承财产。”从以上的记载可以推断，至少在19世纪末的斯皮提地区，普遍存在此类拥有特定名称的里巴概念。

虽然不知道它从什么时候开始被人们遗忘在历史的长河中，但当我们考虑拉胡尔的人们仍然明确地记着骨名，并且根据其概念严格地规定外婚时，可以说它的忘却与斯皮提社会的构造联系在一起，并且包含着重要的问题（参照第六章第四节）。

目前在凯村，舅巴和里巴是指一种基于贵贱的先天性社会身份，或者被认为是父系出身的生产手段，特别是存在一种基于田地所有关联的社会性范畴。而这种社会性范畴，就像拉胡尔的特诺村家中有康牵和康群的区别。

康牵指的是大家，家中拥有一定数量的田地。在凯村121块田地中，13户康牵拥有94块田地，在凯村所有田地中占8成，每户人家大约拥有7.2块田地，其中3户康牵是康牵撒巴，即新康牵，其经营规模较小，3户康牵撒巴各拥有3块、4块、5块田地。

康群指的是小家，在凯村实际上有两种类型：其一是家长把自己的家业管理权让给儿子（一般都会让给长子）而隐退的形式，其中多半都是长子结婚时才会让位。此时，康群虽然拥有原来田地的一部分，但在原则上，随着隐退形成康群的灭亡而将田地归还给康牵。在凯村21户康群中，5户为隐退家的形式，拥有17块田地。还有一种形式是耕作规模较小、拥有少量田地的康群。除去隐退的形式，16户康群仅仅只有10块田地。尤其是柞和别他7户都是康群，而且其中6户并没有田地。这种只有少量田地的康群一直以来被称为多多玛，即佃租康牵的田地。目前村里并无佃户。

另外三户康牵和两户康群合称协哇，他们耕作凯村寺院所有的田地。5 户协哇有 23 块田地，收成平分。这些康牵和康群必须承担经营村落的费用和其他共同作业的负担。他们所负担的比率称为塔路，其比率基本上是康牵为 1，康群为 0.5 或 0.25（见表4-1）。

第四节　斯皮提的婚姻与家庭

在斯皮提川两岸（脱多和夏目）与榀山谷的各村落，婚姻和家庭经营方式都存在相当大的差异。

榀山谷与拉胡尔一样基本实行一妻多夫制，兄弟间也实行均分家庭财产继嗣制度。而脱多和夏目地区并无一妻多夫制，原则上实行长子继嗣。以下将以脱多地区的凯村为例进行探讨。

在斯皮提一般不实行一妻多夫制，基本上都是单婚制。此内容在 19 世纪末出版的地方志中有记述。不像拉达克和藏斯卡，近代以后一妻多夫制逐渐减少或消失。

调查对象说，实际上当地有两种婚姻形式：双方家庭内部交流后结婚的形式和当事人双方自由恋爱结婚的形式。前者一般在康牵较多。

凯村（34 户人家，其中 13 户为康牵，21 户为康群）和位于凯村山边的盖德村（6 户人家，其中 3 户为康牵，3 户为康群），以及扎西岗村（6 户人家，其中 2 户为康牵，4 户为康群），3 个村子加起来 46 户人家，在 20 个结婚事例中，从康牵嫁入康牵的事例为 12 件，从康牵嫁入康群的事例为 5 件，从康群嫁入康牵的事例为 2 件，从康群嫁入康群的事例为 1 件。

46户中，18户为康牵，28户为康群。就像康牵内部存在一种通婚圈一样，康牵相互之间结婚的为多数。康群中8户为柞和别他，6户为隐退家。康群是一种临时的存在，即所有的康群并不是以一个社会阶层而发挥功能的。而乔藏内部的婚姻形式相当自由。

如上一节所述，虽然在凯村没有拥有特定名称的里巴的骨概念，但明确规定共有父系出身里巴吉的男女之间禁止通婚。

通常结婚仪式在农耕结束后或冬季来临之前举行。宴会在女方家举行一天后，在男方家持续两天。调查对象称，通常婚宴的花费为4~5万卢比，而参加宴会的亲朋好友的礼品和礼钱收入有7~10万卢比。对于婚宴期间的笛子手和大鼓演奏者别他，需要支付一万卢比左右的费用。

新人结婚后，养子过继的玛库巴除外，一般都会父方居住。出嫁的费用有时会特别高，其中最值钱的装饰品是用绿松石缝制的帽子，当地人称其为别拉库。别拉库是母亲传给长女的一种传家宝，如果出嫁的并不是长女，必须要缝制一个别拉库。调查对象说其价格约为20万卢比。另外，对于女儿的财产分配，除了现金以外还有田地。村民们认为田地是女方的财产，离婚或女方去世后，田地必须要还给娘家。

兄弟中留在家中结婚继承家业的一般是长子。次子以下或出家为僧，或到无继嗣者家做上门女婿的较多。

特别是次子如果不是柞和别他级别时，就必须要出家为僧，这也是村里的义务。笔者在凯村调查了乔藏级别现世代13组兄弟，除了1个以玛库巴的身份入户他村外，所有长子都可继承康牵。另外，在13组兄弟中，全部次子都已出家为僧，而其中7人已还俗（见表4-2）。

表 4-2　还俗事例

姓　名	还俗后的现状
诺布	玛库巴的身份，已入扎西康家
格拉	结婚后分家，形成康群
落宗	结婚后分家，与父母共同形成康群
多杰/仁青	父母与长子夫妇同住康牵
旦顿/南杰	结婚后分家，与父母共同形成康群
落桑/扎西	结婚后继承康牵，与父母同住
旦增	结婚后与母亲和兄长夫妇同住康牵

七人中，格拉、落宗、旦顿/南杰三人分家后形成了康群。其中落宗和旦顿/南杰与父母同住，即已形成隐退家。即使这三家父母去世后也不会再与康牵结合，反而一直独立继续保持康群的状态。

落桑/扎西的事例因长子以玛库巴的身份入户到他村（格台村），自己还俗后继承了康牵。另外，旦增的事例比较特殊，旦增自己虽然是次子，但结婚后与长子夫妇同住康牵。而旦增的妻子与兄长的妻子是亲姐妹，旦增的兄长夫妇没有孩子，旦增还俗的理由最大可能与此相关。

在 13 个兄弟组中，三子的事例有 9 个，其中 4 人已出家为僧。4 人中 2 人属于康牵，2 人与父母移住到康群。僧侣以外的 5 人中，1 人以玛库巴的身份移住，2 人与家人住在康牵，2 人与父母移住到康群。

四子的事例只有 4 个，1 人已出家为僧，1 人留在康牵，其他 2 人与父母移住到康群。

以上的事例很明显，对于乔藏，兄弟几人中次子出家早已形成一种义务。另一方面，13 个出家为僧的次子中，7 人已还俗的事实说明，几个儿子中必须有一个出家的必要性在淡化，或者有可能表现为寺院支配的松缓。

如不让次子出家，必须要向寺院支付 2 万卢比的罚款。而继续不让三子出家的话，再加 5 000 卢比的罚款。这项规定于 1999 年设立并开始实行。此法对还俗者同样适用。

调查对象称，此类恰巴（即罚款）并不是国家或地区法律强制规定的。但是，如果拒绝上交此类罚款，寺院会拒绝当事人家庭参加诸如葬礼等一切宗教活动。

第五节　隐退和分家

凯村的家庭经营同样以防止家庭分裂为最大前提。家庭分裂必然引发家产分割，尤其是田地的细分会导致家庭义务的负担加重。

仅让长子结婚，次子与其他男性出家为僧或以玛库巴的身份入户他家，当地人乐于接受这种家庭生活形态，以求最大限度地防止分裂。在这个意义上，正如 Goldstein 所说：在藏族社会中并不少见一户人家只允许一种婚姻形式。所以说在凯村也存在诸如 mono-marital 的原则。

凯村康群的隐退现象非常普遍，通常长子结婚后，父母以隐退的方式形成康群。把康牵让给长子夫妇后搬到村里新房的比较多，也有父母直接出村生活的。通常康牵四分之一的田地会分配给新家用以生计，而村内也有比康牵拥有更多田地的新家。

继承康牵的切果，即除长子之外的其他兄弟姐妹与父母移住康群，或直接留在康牵。总之，康牵的长子必须负责维持次子（出家为僧）的生活，还要抚养其他兄弟姐妹。长子也会代表家庭参加村里的各项活动，且有义务承担各种工作。

凯村有 8 户人家（其中 5 户为康牵，3 户为康群）是隐退家。其中，父母并没有隐退，与兄弟姐妹共同生活的有 11 户（其中 6 户为康牵，5 户为康群）。而康牵中形成隐退家较多，这种现象让人觉得好像与经济优势和经营田地的规模关系密切。然而，家中没有田地的两户康群也形成了隐退家。经营规模较大的康牵中也有长子结婚后，父母不隐退，仍与长子夫妇共同生活的情况（其中 2 户是康牵撒巴，还有 3 户是父亲去世后，长子夫妇与母亲住在一起）。

已形成隐退家后，父母的去世使康群自然毁灭，而此时，其家产也会被康牵收回。事实上，康群本身在其形成之前就已注定是一种暂时的存在。但次子或其他兄弟与父母共住并在康群结婚生子时，反而会变成分家模式。而隐退方在康牵分割家产后，再次给成婚兄弟分配财产，此时的隐退家就已变成分家模式。

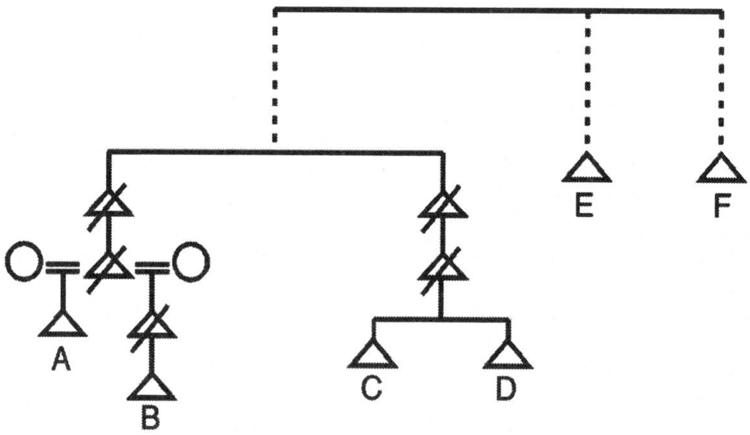

图 4-2　家谱关系

图 4–2 为表现之前的 1 户家庭形成 6 户（A、B、C、D、E、F）家谱关系的模拟图。其中 2 户为康牵（D、E），2 户为康牵撒巴（B、F），2 户为康群（A、C）。各自都有明确的父系出身的共同意识，因此互相之间无婚姻可能。

第六节　斯皮提社会的特征

以下为凯村的亲属关系和家庭构成的特征列举：

（1）虽然存在舅巴与里巴这样的词语，但并无特定名称，也没有形成氏族和家系的功能。它反而意味着先天性的社会身份与亲属（特别是父系）集团。

（2）在凯村有诺诺、乔哇、乔藏、柞、别他五种社会身份。

（3）对于家以田地的经营规模存在康牵与康群之别。

（4）户主把经营权过继给长子，父母以隐退家的形式移住。这种隐退家称为康群。

（5）村内不实行一妻多夫制。

（6）原则上只有长子结婚后方可继承家庭。

（7）在没有男性继承者时，为女性迎入女婿继承家庭。

（8）次子出家为僧是履行村里的义务。三子以下也有出家的情况，但还俗的事例较多。

（9）乔藏、柞、别他有一种内部通婚圈的功能。

（10）长子以外的兄弟姐妹或留在康牵，或与父母移住到康群。

（11）如切果（长子）的弟弟在隐退家内结婚，不再与康牵合并，就会变成分家模式。

之前的寺院经济一直为阔提乔治所支撑，凯村也属于此阔提乔治。因此，在传统的意义上对寺院（凯村的寺院）的从属意识比较强烈。在社会习俗中，除了在榀山谷实行一妻多夫制外，斯皮提的其他地区都拥有共同点。在此，通过凯村的事例与拉胡尔社会的对比，考察斯皮提社会的特征。

斯皮提与拉胡尔的家庭构成最大的区别为：在拉胡尔实行一妻多夫制，三世同堂是一件理所当然的事情，其规模还存在逐渐变大的倾向（嘎登村平均约 11.5 人）。但在斯皮提并无一妻多夫制的习俗，基本上都会构建核心家庭，故而其规模自然较小（凯村平均约 5 人）。

虽然两个社会共有一种不想分割祖先家产的思想体系，但他们的目标并不相同。拉胡尔以实践一妻多夫制而坚持其思想体系，而斯皮提则实行长子继嗣，以次子以下强制出家的制度实现其目标。

如上所述，拉胡尔的家庭经营围绕着固有的两难推理。家庭资本的集中和对外投资等，这种对外能量的大小也是拉胡尔“家”的特征之一。而实际上，属于庆木的多数人在拉胡尔外部从事经济活动。在英国统治时期的地方志中也有记述，很多拉胡尔人在中国西藏和拉达克及库鲁地区从事贸易活动。

或许对于拉胡尔的男性而言，经济上的敏锐与背井离乡在异地工作是一种传统性的社会习俗。一直延续至今是因为兄弟间共有家产这种既传统又独特的“家”的经营方式。

另一方面，斯皮提的家庭经营状态会让人觉得在构造上并无矛盾。父母把家业管理权让给长子后，住在康群。另外，长子夫妇不会与弟弟们共住的家族状态与复数夫妇共住之家相比，可以说很难发生牵涉家庭分裂的心理性、政治性与经济性的摩擦。一开始就把家产继承权限定于长子，其目的肯定是为了一种稳定的继嗣。

目前的拉胡尔人经济活动非常广泛，经济作物的成功引入带来资本积蓄与高水平教育，另外，在外地容易就职等都有可能是其理由。就像英国统治时期的地方志所述：他们不喜欢去异地搞贸易，一直坚持住在故乡的这种状态是斯皮提人传统的生活态度。实际上，凯村的居民大部分是农民与僧侣，除了农业之外的工作，基本上都是近邻的体力劳动（修路等），大部分人都不离开故乡。

在斯皮提，货币经济早已渗透。货币需求量也随着经济的快速发展得以增加，但斯皮提人依然不想离开故乡。

另外，根据以凯村的近邻凯巴路村为调查对象的山内的描述，凯巴路各家之间有一种互助性劳动交换的关系。秋收时节或其他忙碌的时候，劳动力不足的家庭会得到其他人家的帮助。就像在拉胡尔，多数人在村外从事经济活动一样，意味着村里基本上没有多余的劳动力。

综上所述，斯皮提的家庭经营系统与当地社会的自足性与胶着性状态联系在一起。

第五章　拉达克和藏斯卡的婚姻与家庭

第一节　拉达克概述

拉达克隶属于查谟/克什米尔邦，并共同形成了一个地区。中心城市列城（见图 5-1）的海拔为 3 554 米。根据 1981 年的人口调查数据，当地总人口为 68 380 人，其中列城的人口为 8 718 人。

拉达克的各村落分布在印度河两岸，以及沿着印度河的多个支流的山谷中。尤其是列城附近被称为均阔尔（中心之意），均阔尔的下游地区被称为夏木，均阔尔的上游地区被称为斯托多。其他还有列城的北边、拉达克山脉北部地域为诺布啦。印度河上游河面较窄的一带为隆，东边较宽的游牧地带称为羌塘。

拉达克曾经是查谟/克什米尔藩国的一部分，随着印度

图 5-1 列城

的独立被编入查谟/克什米尔邦。查谟/克什米尔邦的伊斯兰教徒占据半数，因此当时的拉达克人作为佛教徒对编入查谟/克什米尔邦持不满态度。

1970 年以后，拉达克人的这种不满直接与印度共和国政府要求直辖管理的政治性要求相连。1989 年，列城的佛教徒与年轻的伊斯兰教徒之间发生了有暴力倾向的冲突事件。

此事件发生后，印度政府于 1995 年设立了拉达克山地自治发展理事会，实现了拉达克的佛教徒政治性要求的一部分。因此，由对邦政府的不满逐渐变成现在的小康状态。

另外，1974 年对外开放了拉达克的旅游业，并开设了新德里、昌迪加尔以及斯利那加的航空路线，以夏季为主接待国内外的观光游客。因此，在列城建有很多宾馆、餐馆和当地的土特产店。也有为徒步旅行的游客提供导游和马夫等，多数人从中获得利益。近年来，各界多有议论旅游业的膨胀对经济和文化的影响，以及对环境的破坏。

第二节　拉达克的婚姻与家庭

在这一节，将以 1938 年 Peter 对列城及其附近的田野调查，1981 年 Crook 和 Tsering Shakya 的调查报告，Phylactou 对下拉达克（印度河下游区域）的赫米斯/西库巴牵的调查等为基础，阐述拉达克的婚姻与家庭经营。

1938 年，Peter 对拉胡尔的一妻多夫制比较研究的调查活动结束后，又前往拉达克进行访谈调查。当时在列城（总人口 23 377 人，其中 1 287 名为佛教徒，991 名为伊斯兰教徒，43 名为锡克教徒，56 名为基督教徒）及周边佛教徒之间盛行一妻多夫制。根据 Peter 提供的信息，在 100 个家族中有 90 个家族是一妻多夫制的关系。

Peter 阐述，实行一妻多夫制的拉达克在本质上与拉胡尔相同。换言之，他已看清家产与家庭才是当地人关心的重点。而与拉胡尔的不同之处在于，兄弟间不分割田地，全部归属于长子的这种以长子继嗣为原则的继承法。

Peter 访谈调查了六个一妻多夫制家庭。其中在与家名为托库托库（TOK TOK）的罗桑老人的对话中，他掌握了重要的一点，即当时的一妻多夫制在当地居民中到底起着多大的作用。关于这一问题，虽然内容较长，但我们还是选摘如下："罗桑/托库托库很不满地对列城年轻人发出他不道德的牢骚。他说：如今的年轻人都不喜欢建立一妻多夫制关系，这肯定是受印度人、新疆人或土耳其人，以及欧洲来的传教士等的影响。他们反对拉达克和藏人的这种古老的一妻多夫制传统习俗，并开始了一妻一夫制这样恶劣的习俗。罗桑/托库托库问我：为什么欧洲人没有实行一妻多夫制就变得如此富裕？当时的他并不理解我们的一妻一夫制是通过分割财产而变得富裕的事实。他说：在拉达克这是不可能的，因为这里本来就不够富裕，（如果把财产都分割了）每个人都有可能会挨饿。

“我震惊于罗桑/托库托库的问题。因为那时我并没有考虑到这个问题，也没想到一妻多夫制社会中的人会考虑这样的问题。当我想到此问题后，告诉他我们确实与拉达克人的生活方式不同。结婚后与妻子一起离开家，并自食其力创建新家，用自己的收入养活家庭成员。当然了，这也意味着我们要找新的收入来源，并为此而工作、忙碌，为了生活，我们必须要不断地在新的环境中努力适应生活。

“罗桑自己也是一妻多夫制的关系，他承认如果在同样的土地和家庭内不需要通过世代分割财产时，只能用一妻一夫制的方式生活。他说：被改教成伊斯兰的拉达克人也学会了像欧洲人那样的生活方式。他们已经停止实行一妻多夫制，各自结婚后马上分割家产。其结果是每个人都只能得到一小部分财产。除了家里的年长者会得到最好的土地外，其他人都只能出户。最不幸的是，有时候还要像没有土地的劳动者一样找工作，甚至得去缅甸的红宝石矿山工作。最后他下结论说：学欧洲人的生活方式显然是为了过一妻一夫或一夫多妻的生活。

“罗桑/托库托库在这段较长的对话结束后沉默了一会儿，而我翘着二郎腿坐在他对面，手里捧着茶杯一边观察他那蒙古人种迟钝的脸，一边暗暗自问正在被访谈调查的到底是他还是我？紧接着他又与身边的翻译说了些什么，我问翻译得知：他明白了为什么欧洲人在世界各地创建殖民地，并殖民到印度和拉达克来。很显然是因为家族制度，因为他们并无一妻多夫制的习俗，故而不能在家乡生活下去。就像在矿山工作的拉达克伊斯兰教徒一样只能去国外谋生计。事实上，我被这位老人的洞察力惊到了，也让我受益匪浅。最重要的是，让我体会到在这片土地上藏文化是一种怎样的存在！他还让我觉得：一妻多夫制的由来与环境和经济性的要素联系在一起。”

Peter 认为拉达克是长子继嗣制，土地只属于长子。而这一点显然与罗桑访谈的内容明显不一致。虽然不能表明是否与拉胡尔一样严密均匀地分割财产，但不仅仅是长子，其他兄弟也有分割家产的潜在性权利。因此，可以说实行一妻多夫制的原因之一是为了防止家产的分割。

1981 年 Crook 和 Tsering Shakya 对 1938 年 Peter 在列城附近调查的六户（康牵和其附属康君结合在一起弄成一户）农家事例进行调查，并对其变化做了报告。拉达克的家庭经营与之前的藏斯卡基本相同，有康牵和康君（康群之意）之别，长子结婚后，父母把康牵让出来搬到康君居住。虽然现在也有康牵与康君之别，但其意义显然与之前不同。例如，1938 年隶属于康牵和康君的成员中只有 32%居住在康君，而到了 1981 年，其比率超过了 50%。住在康君的成员数量大幅度地从 11.5 增加到 17.5，而且康君本身的数量也在增加。另外，康牵的结构也在变化，即使长子结婚后，家长也不把康牵让出来，一直在康牵生活的事例也增加了。而住在康君的兄弟姐妹可以结婚并在康君生活，事实上这就代表着康君从康牵中独立出来。

对于结婚，1938 年，在 6 户人家的 16 个婚姻中有 10 起是一妻多夫制，只有 6 起是单婚制。到 1981 年，结婚的数量有 25 起，其中只有 4 起是一妻多夫制，其余 21 起全是单婚制。特别是对于康牵家，1938 年，全村六户康牵全是一妻多夫制，而 1981 年并无一妻多夫制的关系。

由此可以发现，康牵避免分割财产的传统价值正在淡化，因此，在康牵内一个世代只允许一种结婚形态的原则也在丧失。Crook 和 Tsering Shakya 认为这种变化的背后是禁止一妻多夫制与兄弟姐妹之间的财产分配在法律上的变化，以及就业的多样化等。

根据 1981 到 1983 年间在下拉达克的赫米斯/西库巴牵村调研的 Phylactou 的研究，该村有 42 个康牵和附属于康牵的 62 个康根（康群之意）。在思想体系上，这里的康根也只是一种暂时的存在，父母会在长子结婚后让他继承康牵，自己搬到康根居住，但实际上康根有多种表现形式，而不仅仅是父母把继承权交给儿子这一种形式。被称为乔毛的未婚女子与婚后在家的弟弟们共住的情况也很多。尤其是一妻多夫制在法律上的禁止、次子以下的财产分割、就业机会的增加等，这些都给住在康根的弟弟们带来了很大的独立性作用。

目前住在康根的弟弟们基本上都是拿工资过着经济上独立的生活，他们也尊重康牵和重视兄弟间情谊的传统。另外，祭祀家神 phasla 仪式或婚礼等都在康牵举行，在这一点上康根依然隶属于康牵。Phylactou 指出了这种家庭成员之间相生相克的矛盾关系："家庭所有成员的集体利益和个体利益之间是一种相互矛盾的存在，基于传统家庭的等级原理与现在年轻人的平等性观念是相克的。"这种矛盾虽然在之前实行过一妻多夫制的兄弟之间也曾发生过，但现在这种矛盾变得更加突出。

第三节　斐杨山谷与姜马尖村的事例

斐杨山谷位于从列城往西约 10 公里处。山谷中的村落在拉达克山脉流向南边再与印度河汇合的河边沿着山谷分布。山谷中微高的山丘上建有属于智弓噶举派的寺院。

在斐杨山谷中有八个村落，即姜马尖村、擦古玛村、齐王村、普仑村、斯坦斯村、木路多库斯村、夏嗯村与干棍村。这里的居民多数为藏传佛教徒，少数属于伊斯兰教。尤其是在寺院南边的干燥平地上，近年来有不少伊斯兰教徒来往。笔者于 2006 和 2007 年夏季在姜马尖村驻村进行田野调查。从印度河畔进入斐杨山谷，山丘上的寺院过后第一个出现的村落为姜马尖村。村如其名（即柳树之地），村里除了柳树以外，还种有苹果和杏子。村落背后的岩山腹中建有祭祀村神（游啦）明果加毛的祭坛。

2007 年，村里有 36 户人家、219 人，平均每户有 6 人。然而，从家名和家系来看，原来的家数为 14 户，而现在也只有这 14 户被称为康巴（相当于康牵），其余 22 户为康吾（相当于康群），是经过近几个世代衍生而来的。婚姻形式多数为单婚，像一妻多夫制，即兄长夫妇与弟弟共住的事例有三个。另外，两个姐妹招赘女婿的事例有两个，其中一个是丈夫去世后姐妹俩分家的事例。

16 户人家是已招婿的家庭（其中 2 户为玛库巴去世后，妻子一人生活的事例），占全村的 40%。16 个事例中 6 户虽有儿子，但仍给女儿招有玛库巴。其中 2 个事例没让儿子继承，反而让女婿的女儿继承康巴。

姜马尖村与藏斯卡和拉达克地区的村落一样有一种被称

为帕斯盆的互助性家庭集团。这种帕斯盆在村内举行婚礼或葬礼等仪式时才会发挥其功能，原则上家庭之间是平等的。特别是在举行葬礼时，尸体的处理和接待访客等一切工作基本上都会由帕斯盆集团共同完成，死者的家庭对这类工作没有任何负担。因此，参加帕斯盆集团是村落内部社交中不可缺少的重要任务。

帕斯盆一词表现的是一种父系出身，意味着共有固有骨的父系氏族或家系的一种存在。这一点从帕斯盆内仍共同祭祀父系神（帕拉）就表现得非常明确。因此，在帕斯盆内部是禁止通婚的。

目前，在姜马尖村有七个帕斯盆集团。帕斯盆的形成也会分帕巴（平民）和噶拉（锻造），帕巴会在帕巴之间形成帕斯盆，噶拉也会在噶拉之间形成帕斯盆。笔者虽然还没有充分地理解噶拉内部的帕斯盆的构成，但帕巴之间的帕斯盆构成基本上都是在斐杨山谷内形成的。帕斯盆形成的过程虽然还有很多不明点，但至少他们基本上都是从一个家庭划分而来，相互之间共有家名的都属于一个帕斯盆。例如，笔者在调查期间居住过的其路鹏家有 7 个家系，即其路鹏 5 户，哈路公 3 户，博巴 3 户，加古提 1 户，杂果尔巴 2 户，巴路棍 3 户，斯掩库巴 1 户，共 18 户人家属于 1 个帕斯盆，他们内部共同祭祀斯库加路父系神。

以上 18 户中，博巴 3 户很明显不是同一个父系出身的家庭。他们的祖先是从西藏境内移民而来的（博巴即藏人），他们被其他成员认可之后才允许加入此帕斯盆内。

如上所述，以前同一个帕斯盆内禁止通婚，而现在在斐杨山谷中经常出现帕斯盆内部通婚的事例。例如，在以上的帕斯盆内，像其路鹏与哈路公之间以及其路鹏与巴路棍之间都有过婚姻关系。因此，其路鹏（5户）、哈路公（3户）、杂果尔巴（2户）、巴路棍（3户）之间是亲戚关系，其内部规定禁止通婚。（然而，杂果尔巴不知何故也是他们的亲戚）这种现象在某种意义上很奇妙，因此，笔者认为在考察拉达克亲族关系的问题时，此内容会引出重要问题。以上4个家系，即13户人家被称为舅巴达库。舅巴达库一词本身在藏语中应该是父系出身之意,但目前此13户相互之间已有通婚事例，因此并无父系出身的共同意识。因为一旦形成婚姻关系后，在亲戚关系中会双系性地禁止通婚。此时的传统做法为7亲内禁止通婚，现在被改成3亲或4亲内禁止通婚。共有父系出身者之间的禁止通婚和性交涉的原则被弱化，反而双系性亲戚内的通婚被忌避的志向在强化。这种现象与父系出身之间严格的功能外婚原理的拉胡尔的骨，即不共有父系出身的表兄妹间可以通婚的现象是相反的。

虽然只是一种简单的推论，拉达克帕斯盆内的亲族变化是经过以下过程而变化的：

（1）作为父系氏族的帕斯盆内禁止通婚。

（2）父系原理的弱化（骨的忘却），不共有父系出身的家庭也可参加帕斯盆。

（3）帕斯盆内认可相互通婚，帕斯盆内形成双系亲族集团，但双系内部禁止通婚。

第四节　曲马淌村的事例

笔者于2006和2007年夏季，在从列城往东140公里处印度河上游区域的曲马淌村进行了短期的田野调查。曲马淌地区被称为羌塘，当地人全年不耕作，常住于帐篷，与放养牦牛和羊的牧区（羌巴）生活圈链接在一起。另外，该地区海拔较高，农作物也只限定于大麦（裸麦）。

根据2007年的调查数据，曲马淌村有51户家庭、282人。全村人都属于平民（帕巴或顿巴）级别。一妻多夫制虽被法律禁止，但在曲马淌村51户中，有5户是一妻多夫制关系。此类一妻多夫制家庭出生的孩子，称最年长者为阿爸（父亲），称其他兄弟为阿哥（叔父）。这一点与在拉胡尔的一妻多夫制家中的孩子把兄弟几人都称为阿哇的事例，有很大的区别。或许在拉达克和藏斯卡地区，一妻多夫制的减少与其说是法律禁止所致，不如说孩子们除了年长者以外，都不称呼父亲的事实可能才是最大的理由。

村里已招婿的事例有17户，其中只有8户是因家中无男性继嗣者而招婿的，其他9户是家中已有男性继嗣者仍然招婿的事例。

以下为拥有群巴家名的家族构成的事例。已继承康巴的长子曲美的妻子（故人）与三子的妻子是亲姐妹。另外，次子赛卡藏的妻子与次女杨尊的丈夫是兄妹，形成了一种兄弟姐妹交换婚。次子赛卡藏分家后在村内形成了康吾（相当于康群），而三子在外地谋生计。长女诺金已出嫁到羌巴的传统游牧家庭形成了一妻多夫制。三女敏古出家一段时间后，还俗招婿分家。因此，群巴家是以曲美继承的康巴，以及两户分家的康吾的形式分裂的事例（见图5-2）。

已有男性继嗣仍然招婿的事例有9个，其中6户已分割，3户未分割。已分割的6户中，5户为如上所说的以玛库巴形成康吾的事例，只有1户为直接继承康巴的事例。

桑木才培家（在羌塘一般没有家名，基本上都直呼家长名）的长女婚后在列城生活，次女布铁多招婿后继承了康

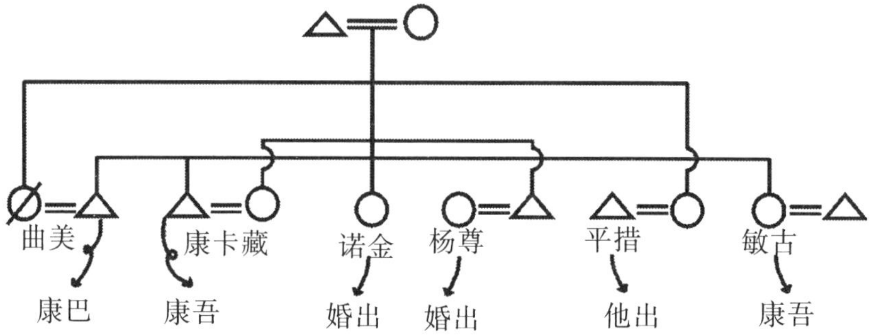

图 5-2　群巴家

巴，父母与未婚的女儿们住在康吾。儿子已出家为僧，可以说是一个特殊事例（见图 5-3）。

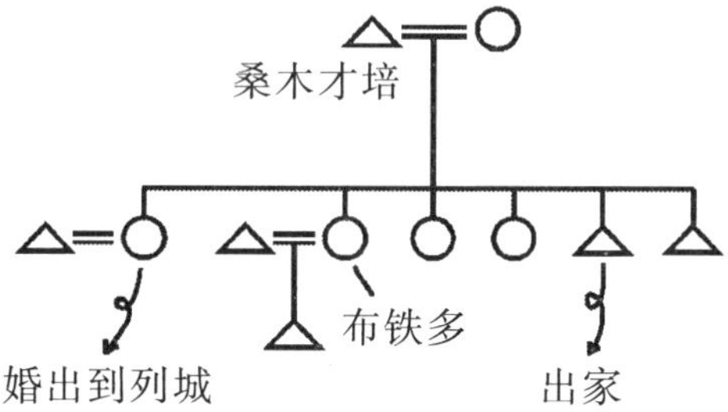

图 5-3　桑木才培家

曲马淌村也有帕斯盆。例如，由上述的群巴家划分而来的 3 户与其他 9 户〔君巴康牵、君巴康吾、噶玛康巴、噶玛康吾、拉木金康巴、拉木金康吾（2 户）、拉凯多、扎西加参〕共同形成了 1 个帕斯盆。属于同一个帕斯盆的各家被认为是同一个骨（里巴吉），本应相互禁止通婚，但至少现在的人们不认为帕斯盆内都是同一个父系出身，像拉胡尔一样，骨的固有名也不存在。但实际上，村里在帕斯盆内相互通婚的事例少有存在。

第五节　藏斯卡概述

藏斯卡位于喜马偕尔邦北部的查谟/克什米尔邦，行政区划在卡基尔地方，政府内部构成了藏斯卡地区。总面积为43.1 平方公里。居住地为以海拔 4 401 米的班西山东边为源头的脱多河流域，与海拔 5 096 米的辛古山北部为源头的卡加河流域，以及以上两条河共同形成的帕多穆周边的冲积盆地。另外，两条河流汇合而成藏斯卡川流域，而藏斯卡川最后流向北部汇入印度河。

在当地多达河被称为脱多河，巴多木周边的盆地为循，卡加河流域为伦那库，藏斯卡河流域为夏木。

藏斯卡各村落与拉胡尔和斯皮提基本相同，以海拔约为3 700 米的地区为中心而展开。其主要生计系统为以栽培大麦和小麦为主的农业，以及饲养牦牛和羊等畜牧业。虽然多数居民为藏传佛教徒，但在中心地区的帕多穆也住有少量的伊斯兰教徒，还建有清真寺。根据 1981 年的人口普查数据，整个藏斯卡地区有 1 833 户、8 317 人。

在整个藏斯卡，只有卡基尔才可以通行汽车，而且只有夏季才能通行。历史上藏斯卡的帕多穆和藏拉的领主们，与拉达克王朝有着很深的关系。特别是藏拉的领主被认为是吐蕃王国分裂后继承西部地区的王子血统。

近代拉达克王国经常被外部势力侵略，特别是在 1834到 1841 年间发生的道格拉战争期间，贾姆穆的古拉伯辛格的部下佐拉瓦辛格占领了拉达克。道格拉战争之后，藏斯卡成了查谟/克什米尔王国的附属地区，而印度独立之后，又直接被编入查谟/克什米尔邦。另外，在 1988 年，藏斯卡和拉达克的藏传佛教徒以 Bod 名义认定了指定种族。

第六节　萨尼村的事例

萨尼村位于藏斯卡中心地区帕多穆西边约 9 公里处。萨尼寺院里有迦腻色伽王建设的佛塔（乔旦卡尼卡），是著名的佛教圣地。萨尼村的北边是低流水的满面池水，再往北就能看见西方以班西山为源头的脱多河东流的画面（见图 5–4）。

图 5–4　萨尼村

根据 1971 年的人口普查数据，在藏斯卡有 25 个村落，其中萨尼村的人口为 276 人，57 户人家，耕地面积为 61 公顷。作为行政单位的村落，萨尼村还包括周边村落和寺院为起居的僧侣（见图 5–5）。

笔者于 1991 年在萨尼村收集了家庭结构方面的资料。（为期两个星期）到了 2004 年，再次在萨尼村驻村两个星期。虽然是短期的田野调查，仍旧以概观萨尼村的家庭经营

图 5-5　藏斯卡的噶尔夏寺院

对策、萨尼村的家庭构成变化为中心问题进行探讨研究。

萨尼村与拉胡尔和斯皮提相同，有两种不同的内部通婚圈：被称为米那库巴的平民内部通婚圈和嘎拉（锻造）的内部通婚圈。在藏斯卡，除了这两个以外，还有领主层的加波和别他的内部通婚圈，但在萨尼只有这两种。根据 2004 年的调查，萨尼村的 57 户家庭中只有 6 户为嘎拉，其他都是米那库巴。

家庭包括本来的康巴与隐退家，以及被划分出去的康群。通常达库波（即家长）会在长子结婚后与其他儿子和未婚女儿一起移住到康群。

萨尼村也有康群的习俗，但实际上与三世同堂较多的特诺村和凯村相比，移住到康群的事例非常多。1991 年，村里有 27 户康巴和 24 户康群。2004 年再次调查，有 27 户康巴和 30 户康群。三世同堂的家庭非常少，1991 年有 2 户，2004 年也只有 3 户，即大部分父母把家庭管理权让给儿子后移住到康群。

图 5-6 为刚爹（家名）家的结构。1991 年，李古金继

承了刚爹家的康巴，他的父母和叔父、姐姐都各自结婚形成了康群。尤其是给姐姐更康招婿，像这种即使家里有直系男性继承者，还要从外部招婿而形成康群的事例，在嘎登村和凯村是不存在的。2004 年，更康又与长子分家生活，最后刚爹家形成了五户人家。

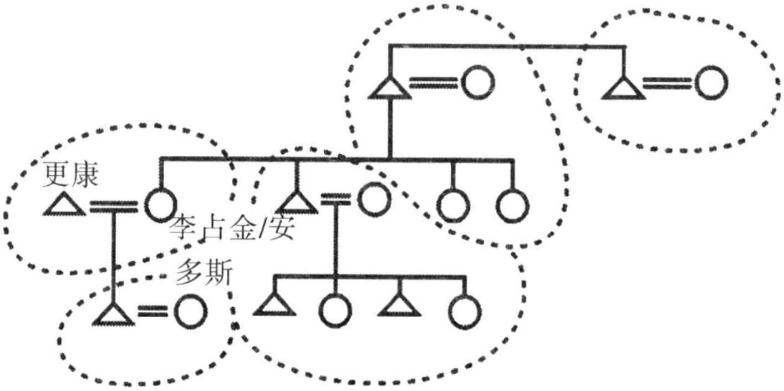

图 5-6　刚爹家（2004 年）

萨尼村的结婚方式中也有一妻多夫制，但数量非常少。1991 年虽然有三个一妻多夫制的事例，但到 2004 年时，其中两个的关系被解除（三个事例都是兄弟二人共妻。一个因兄弟一人的去世而解除一妻多夫制关系，而另一个也因为兄弟一人出村与别的女性结婚而解除了一妻多夫制关系），只剩下一个事例。然而，或许是萨尼村一妻多夫制的事例本来就很少，或许是近年来减少了，原因不明。

村里的一妻多夫制家庭出生的孩子都被认为是丈夫中最年长者的孩子。这一点很有可能关系到一妻多夫制变成违法的事实。

1941 年在查谟/克什米尔邦实施佛教徒重婚禁令后，一妻多夫制成了法律上被禁止的婚姻形式。而根据 Phylactou 的叙述，现在关于孩子的父亲仍有很多不同的传闻，兄长结婚后，未婚的弟弟们与嫂子之间的关系经常成为被取笑的对象。笔者在藏斯卡的路那库村居住时，调查对象称：他与兄长夫妇共住，他听说村里在传他与嫂子之间发生过性关系，而且还说孩子的父亲很有可能是他。然而，后来他与别的女性结婚并组建了新的家庭。

因为没有实质性的记录，所以不能断定。但一妻多夫制被法律禁止之前，像拉胡尔式的（兄弟间均分家产，一妻多夫制关系中的每个丈夫都分配有同等数量的儿子）一妻多夫制很有可能在萨尼村也存在。

如果家庭不实行一妻多夫制，次子以下有几种选择：去别处生活，分家后形成康群，出家为僧，以玛库巴的身份入户他家。

以下为 1991 年和 2004 年家长（达库波）世代的兄弟组选择去向的调查表格（见表 5–1）。

表 5–1　萨尼村的兄弟组

时间	选择去向	长子	次子以下
1991 年	继承康巴	14	1
	外地生活	0	1
	出家为僧	0	3
	以玛库巴的身份入户他家	1	4
	分家形成康群	0	19(11 户康群)
2004 年	继承康巴	15	1
	外地生活	0	1
	出家为僧	0	3
	以玛库巴的身份入户他家	1	8
	分家形成康群	0	19(15 户康群)

1991年，15个兄弟组（长子15人，次子以下27人）中，除去以玛库巴的身份入户他家的1人，其他所有长子都继承了康巴。另外，次子以下在外地生活的只有1人（系军人）。成为玛库巴的有3名，出家为僧的有3名。而形成康群的人数较多，19人属于11户康群，其中6名是已婚者。如上所述，与其他藏系社会相比，萨尼村的事例较为特殊，主要是家中已有直系男性继承者，仍旧为女儿招婿，留在康巴或形成康群的事例。其中还有给姐姐招玛库巴后继承康巴，而弟弟出家为僧。像这种现象在其他藏区社会中非常少见。

2004年，16个兄弟组（长子16人，次子以下33人）中，在外地生活的有2名，成为玛库巴的人数增加到8名（1名为长子，其他都是次子以下）。出家为僧的有3名（虽然还俗了1名，但后来又出现1个出家者），形成康群的与1991年的数量相比无任何变化，仍然是19名。而形成康群本身的数量比1991年增加了4户，实际数量为15户。另外，住在康群的已婚者人数,1991年增加了8名，实际数量为14名。即在萨尼村，抑制家庭数量的方法除了一妻多夫制外，出家为僧基本上没起太大作用。在隐退家的康群中只有父母居住时，它还是一种暂时的存在，因为父母去世后，康群所有的财产都会被康巴收回。在萨尼村还有次子以下与父母共住康群，后在那里结婚的现象，而此时，康群很明显已从康巴的附属中独立出来成了永久的家。

即使家中有儿子，仍然为女儿招婿后形成康群的事例，也是康群增加的重要原因之一。

根据1980年在藏斯卡顿爹村（萨尼村东北约16公里处）调研的Crook的描述，继承家庭的原则有以下几点内容：

（1）长子结婚后继承家产。有时长子会与其他兄弟一起从父亲那里继承康牵（相当于康巴）的家产。因此，家产不分割，会世世代代继承下去。

（2）现世代的父母都会移住到康群。其生活需要全家约四分之一的耕地来维持。而继承家产的长兄们也有义务维持其家庭经营。

（3）通常长子会与弟弟中的一个一起结婚。次子通常会出家为僧，其他兄弟则会以玛库巴的身份入户他家。

（4）当家中没有儿子时，长女招婿继承家产。

（5）继嗣只能在儿子结婚后，最迟也会在孩子出生后进行。

（6）在康群里居住的是家长父母或其他年长的亲戚（叔父、叔母）。

（7）在康群居住的家长的儿子或叔父结婚生子时，康群不会再次与康牵合并，反而会分出新康牵。而在藏斯卡新康牵的建设需要得到全村人的允许才可以，主要是因为耕地的分割与灌溉用水的分配也会因此而改变。

（8）离婚后，妻子或玛库巴会回娘家。

（9）一夫多妻制因家庭富裕丈夫再娶而产生。

以上这些原则是长子继嗣制和一妻多夫制、出家为僧和玛库巴习俗的组合，整体上，主要目的是为了防止家庭分裂。

以下为根据 Crook & Crook 的记载，顿爹村的家长世代或父亲世代的兄弟组中次子以下的选择方向。

1. 父亲为家长的世代：

（1）50%出家（13/26）；

（2）27%一妻多夫制（7/26）；

（3）15%与长子分别结婚（4/26）；

（4）8%玛库巴（2/26）；

（5）0 未婚（0/26）。

2. 家长世代：

（1）44%出家（15/34）；

（2）18%一妻多夫制（6/34）；

（3）6%与长子分别结婚（2/34）；

（4）0 玛库巴（0/34）；

（5）32%未婚（11/34）。

以上 Crook 的论述存在疑问，家产权利继嗣限定于长子一人的制度和以兄弟间均分家产为前提的一妻多夫制的实践在伦理上就互不相容。

地理上与顿爹村相近的萨尼村，可以说与顿爹村实行相同继嗣方法的可能性比较高。很有可能在萨尼村和顿爹村，本来就没有长子继嗣制，反而实行兄弟之间均分的继嗣方法，也许因此才出现一妻多夫制。另外，在形成康群的习惯上，可以推断藏斯卡的家庭经营方式与拉胡尔特诺村的家庭经营方式非常相近。

这种过去的家庭经营方式发生变化的最大理由很有可能是一妻多夫制在法律上被禁止的原因。另外，从藏族传统的男性继嗣的原则上，不只是儿子，女儿也可以继承家产可以说是一种非常特别的现象。从 1991 到 2004 年，在康牵的数量从 24 户直接增加到 30 户的背后，存在萨尼村的周边还有未开垦的土地，而且富有灌溉利用的水等布局条件的有利因素是一个原因。而防止家庭分裂这种藏系农村社会广泛共有的主题和父系优先的原则，在萨尼村的事例中处于一种崩溃的状态。

第七节　拉达克和藏斯卡的比较

将拉达克斐杨和曲马淌的事例与藏斯卡萨尼村的事例相比，可以举出以下相似点和不同之处。

1. 相似点：

（1）法律上禁止一妻多夫制。

（2）康群（在拉达克被称为康吾的较多）数量的增加。

（3）康群从康牵（在拉达克被称为康巴的较多）中独立出来的倾向比较高。

（4）出家为僧者减少。

（5）有女性继承财产后形成康群的事例。

（6）称为帕斯盆的互助性家庭联盟合作的形成。

2. 不同之处：

（1）拉达克家庭成员的职业是多样性的，而在藏斯卡的萨尼村多数人依然依赖于传统农业和畜牧业。

（2）在拉达克延长家长的任期，世代共住的数量有增加的倾向。而在藏斯卡的萨尼村，家长年轻时就把家业管理权让给儿子后隐退，因此康牵的结构基本上都是核心家庭。

藏斯卡和拉达克都属于查谟/克什米尔邦，适用同样的法律。家长的兄弟姐妹在分配财产后分家的事例较多对从法律上禁止一妻多夫制的影响较大。

在现代化和旅游业较为发达的列城附近有各种就业机会。拉达克的家长延长家业管理权，三世或四世同堂的事例较多的原因也与就业机会广泛的社会问题有关系。另一方面，像藏斯卡一样，较偏僻的地方依然不得不继续依赖于农业和畜牧业。因此，康群独立化的倾向是否造成耕地无止境地细分化，这个问题目前还不能断定。总之，两个地区都以防止家庭分裂为中心，其发展方向正从藏族农村社会的传统价值体系中大幅度地脱离。

第六章　考察——喜马拉雅藏族社会的家庭变化

第一节　藏民族的属民支配与家庭经营

以喜马拉雅藏族社会家庭经营的问题为思考前提，在此，笔者想概括地回顾有关藏族属民的支配与家庭经营现状的代表性文献。对于中国境内的藏族地区用人类学视角调查的报告，多数都基于印度和尼泊尔的藏民族社会内进行的访谈调查内容。

代表性的著作有 Goldstein 对江孜郊区被称为撒玛达的族群研究，Dargyay 对江孜地区的村落研究，Aziz 对日喀则定日的调查报告，以及 Cassinelli 和 Ekvall 对萨迦地区的调查等。其中，江孜、定日与萨迦这些地区按照今天的行政区划都属于中国西藏自治区。这些地区的平民为米色尔，其中包括拥有耕作权需进贡的农民（在江孜称为掩列巴，在定日称为端巴）和没有耕作权而以雇佣劳动来维持生计的人（多群）。

拥有耕作权的农民承担着繁重的纳税义务，他们是构成藏族村落社会的核心人群。Aziz 描述的定日社会中，拥有耕作权的端巴是村里经营政治的主要人士，也是定日社会的主要成员。属于端巴家庭等于拥有房产和耕作权，而且他们已组成了超时代的合作集团。属于端巴家庭还意味着他们是课税对象，与别的家庭维持相互团结性的关系。

根据他们的所属而决定是政府属民、寺院属民还是贵族属民。

根据 Dargyay 的报告所描述的，在江孜地区属于政府的 8 户人家每年需要缴纳以下的赋税：①物质税：针、锥子、耳饰、袜子、糌粑、锵或 30 尚（后来变成 22 尚）；②钱财税：30 尚；③食肉税：92 藏克（1 242 公斤），不承认金钱的缴纳；④谷物税：128 藏克（1 728 公斤），另外还有 10 藏克需缴纳给甘丹寺；⑤糌粑税：15 藏克（202.5 公斤）；⑥干草税：10 塔木嘎或 15 肖；⑦树木税：300 加玛（810 公斤）；⑧酥油税：46 藏克（621 公斤）。

另外，最重的劳役是物资运输工作，除了人力还用马或牦牛等驮运物资。根据 Goldstein 的描述，这种码头装卸工的负担在于，拖列巴以佃租方式雇用多群，从而产生剩余生产物。

各家不会直接缴纳税款，由村里的干波（长老之意）们收集后缴纳给地方领导。各村各家按照不同的比例负担地方赋税。

长子拥有耕作的继承权。其他兄弟会与长子一起建立一妻多夫制关系，继续耕作祖传的土地。另外，女性在结婚时也会分配到各种财产，不实行一妻多夫制的兄弟同样也会分配到一部分财产。

Cassinelli & Ekvall 对以前萨迦地区的君主家族成员进行访谈调查后，复原性地描述其社会的研究。根据他们的研究，藏人不一定非要实行长子继嗣制，从最上面的王族家到最下面的属民家都会分家，要求分配原有家庭的财产和地位。虽然有各种防止家庭分裂的手段，但这些手段主要与兄弟之间的和睦与合作的维持相连。家长在生前把权利让给儿子（通常都是长子），别的兄弟或从 6 岁开始进入寺院，或共同建立一妻多夫制关系。如果不出家，也不建立一妻多夫制的话，就会产生较多的纠纷问题。通常其他兄弟或在政府工作，或在村外从事贸易活动。当家中无直系男性继嗣时，会从别处领养儿子继承家业。

从这些记述，特别是卫藏地区的属民支配与家庭运营的方式可列举出以下特点：

(1) 有贵族、平民和锻造等生来就被认定的身份。

(2) 在平民中还有拥有耕作权的固定居住农民（拖列巴或端巴）和以雇佣劳动或佃租方式维持生活（多群）的区分。

(3) 农民在政府、贵族和寺院的支配下生活。

(4) 拥有耕作权的农民虽有各种课税负担，但他们是群体主要的经营者。

(5) 税款并不是由各家直接缴纳的，而是由村里收集后统一缴纳，其分担比例也是由村里统一决定的。

(6) 农民除了上交物品和金钱外，还有义务劳动。劳役有几种类型，其中装卸工的负担最大。

(7) 农民家长的权利会在生前转让给儿子（多半是长子）。

(8) 次子以下或出家，或实行一妻多夫制者较多。另外，没有土地的多群基本上都实行单婚制。

(9) 原则上兄弟们可以平等地继承家产和权利，还可以分家。

(10) 对迁移并无强烈的束缚，只要家里承担了缴纳赋税的义务，就可随意离开故乡从事贸易等活动。

在下一节中将与西藏内部事例做一比较，再考察印度喜马拉雅藏族社会的现状。

第二节 喜马拉雅藏族社会与中国卫藏村落社会的共同点

本书的研究对象地区为喜马拉雅西部藏族社会，即拉胡尔、斯皮提、拉达克和藏斯卡等地区，都未曾受过达赖喇嘛政权的直接支配。然而，与中国境内卫藏地区村落社会相比较，具有以下共同之处。

1. 生来就被认定的社会身份。

当地称为觉或塔库尔（拉胡尔）、诺诺（斯皮提）、加波（藏斯卡和拉达克）的领主或王族的身份与被称为帕巴（拉胡尔）、乔藏（斯皮提）、米那库巴（藏斯卡）的平民身份，以及被称为顿巴或嘎拉（拉胡尔）、柞或嘎拉、别他（斯皮提、藏斯卡和拉达克）的身份。这些地方都有这种共同意义上的身份区别，而且这些身份都存在不同的内部通婚圈。

2. 平民的区别。

在平民中主要因耕地的大小存在社会性的区别。在拉胡尔有糌库巴（一户）和帕库巴（半户）的区别，在斯皮提存在没有耕地权的家庭和耕地面积较小的家庭及佃户人家的区别。之前以各家庭耕地面积的大小决定负担税金的比例，现在对村里的共同作业和共同经费的负担比例依然存在差异。

3. 对领主和寺院的进贡义务。

以前村里对领主的租税和劳役等义务都根据各家经营规模大小而定，而领主会给各家耕作权和村落自治权等。另外，在斯皮提属于阔提秋吉的村民都要向寺院缴纳赋税。

4. 防止家庭分裂。

家庭分裂，会影响耕地的各种租税负担和维持家庭经济的地位。一妻多夫制也是为了防止家庭分裂而实行的，但在作为族群主题的家庭和无须防止分裂的下层家庭中，实行一妻多夫制的频度存在差异。

第三节　喜马拉雅藏族社会的类型论

本书贯穿始终的论述与中国西藏本土特殊的社会习俗也有共同之处，在喜马拉雅各社会中特殊的家庭经营战略影响了当地人的性格与行动。在此，首先整理与拉胡尔的普纳姆(嘎登村)、拉胡尔的脱多（特诺村)、斯皮提（凯村)、拉达克（斐杨和曲马淌)、藏斯卡（萨尼村）相关的：①财产继嗣法；②有无隐退习俗（康群家的形成)；③有无一妻多夫制的习俗。

1. 财产继嗣法。

拉胡尔（普纳姆和脱多)：兄弟之间实行均分继承法。

斯皮提：实行长子继承法，其他兄弟或出家，或以玛库巴的身份入户他家的事例较多。也有分配财产后分家的事例。

拉达克和藏斯卡：可以推定以前实行过兄弟间均分继嗣，现在不只是儿子，也有女儿分配财产后分家的继嗣方法。

2. 有无隐退习俗。

拉胡尔（普纳姆和脱多）：无隐退的习俗。原则上家长一直履行家业管理权直至去世。

斯皮提：虽有隐退习俗，但实际上并无太多隐退家。在凯村 34 户中 13 户为康牵，21 户为康群，只有 5 户为隐退家。

拉达克：之前有隐退习俗，但现在数量极少，多数与父母终身共住于康牵。

藏斯卡：家长把家业管理权让给长子隐退后分居者为多数。

3. 有无一妻多夫制的习俗。

拉胡尔（普纳姆与脱多）：目前 4%的家庭已是一妻多夫制关系。

斯皮提：一直不存在一妻多夫制。

拉达克：虽属违法，但仍有实行者。而出生的孩子会被认定为是兄长的孩子。

藏斯卡：虽有极少的一妻多夫制，但在法律上已被禁止。

根据 Crook 在藏斯卡的调查，藏斯卡人为了防止家产分割，一直实行长子继承法与一妻多夫制。然而，如果因兄弟间分配财产和继承导致一妻多夫制的必要性，长子继承法与一妻多夫制就难以共存。家长把权利移交给长子不只是为了让长子继嗣，家长把地位从父亲世代移交到儿子世代，兄弟中年长者则成为家长才是真正的原则。

如果在藏斯卡和拉达克地区以前盛行一妻多夫制，可以推定那里并不是长子继嗣，而是以兄弟均分继嗣为原则。因此，在拉胡尔和拉达克以及藏斯卡各地区形成的隐退家与兄弟均分继嗣的比例存在差异，兄弟之间以分割继嗣为原则而实行一妻多夫制。

在拉胡尔普纳姆地区的嘎登村，目前还有4%的家庭是一妻多夫制关系。另外，因没有隐退家的习俗，三世同堂的大家族较多。在此，对于为什么没有隐退家的习俗，笔者没有阐明其理由。然而，拉胡尔地区存在被印度思想所影响的不吃牛肉等习俗。因此，对于为什么没有隐退家的习俗与大家族的思想，都有可能是受到印度观念的影响。

如第三章所述，拉胡尔的家庭除了有构造性的紧张之外，还有很强烈的外向性志向。其连带性理念现在也是家庭经济地位的向上竞争和这种竞争性的社会习俗在支撑。

另外，在同一个拉胡尔社会中，在普纳姆上游区域的特诺村也有少数的隐退家。兄弟之间以均分继嗣为原则而实行一妻多夫制，这个地区的家庭经营方式更像以前的藏斯卡和拉达克，在这一点上也许可以说它还保留着传统形式。

另一方面，斯皮提的家庭经营方式，如凯村的特殊事例，所见并无一妻多夫制的习俗，严格意义上的长子继嗣也不存在，长子以外的大部分男性选择了出家或玛库巴之路。这种现象不只是喜马拉雅藏族社会，连中国境内西藏社会的报告中也不存在类似事例。

这种特殊的家庭经营方式，确实会减轻产生分裂的社会压力。它还会导致降低斯皮提居民在外地生计的必要性，因此也不会产生剩余劳动力。另外，不只是在英国统治时期出版的地方志中指出，现在也可以明显看到斯皮提人对企业精神的缺乏，可以说与这种家庭经营方式有一定的关系。

以前在藏斯卡和拉达克都是以兄弟间均分继嗣为原则而

实行一妻多夫制的。随着法律上明确禁止一妻多夫制，家庭分裂的倾向也逐渐提高。在地理条件上较富有的拉达克村落即使产生家庭分裂，如果能在外地就业的话，未必会造成贫困化。而在藏斯卡的萨尼村，除了村里的传统产业以外，并无其他就业机会，因此家庭的分裂如同耕地细分化。

特别是在拉达克和藏斯卡村子即使家中有儿子，仍旧会让女性继承家产并建立新家的事例。这也许意味着传统的家庭经营正在从根本上发生变化。此类现象与下一节论述的父系出身的骨的忘却现象有一定的联系。

第四节　骨的忘却

在中国境内的藏族社会与喜马拉雅藏族社会中对骨和肉的概念已有较为深入的研究报告。

根据这些报告的描述，藏族所有人都拥有骨和肉的组合。骨是由父亲传给孩子的一种概念性的天资，而肉则是由母亲传给孩子的一种天资。骨和肉最有意义的一点是，拥有同一个骨的人禁止通婚和性交涉。

有关骨和肉的概念，古老的研究有 18 世纪后半期到达西藏的耶稣传教士伊普里托·德西迪利的报告。根据其报告：“在西藏，人们广泛承认的亲属关系有两种：一种是里巴吉，即同一种骨的亲属关系；另一种则是夏吉，即同一种肉的亲属关系。他们作为里巴吉，即同一种骨的亲属关系，即使经过了几个世代的分家，或不管相隔多远，都会认为他们是拥有同一个祖先血统的人。夏吉，即同一种肉的亲属关系是通过正规婚姻形成的亲属关系。同一种骨即里巴吉，不管是多远的亲属，他们内部绝对不可以通婚。而且拥有同一种骨的两个亲属之间的性交也被认为是乱伦，所有人都会避忌而嫌恶。同一种肉，即夏吉的亲属关系对结婚也有同样的制度，因此叔叔和侄女是不允许结婚的，而母方的堂兄妹之间可以通婚。这种事例在西藏社会非常广泛。”

另外，还有 1958 年在尼泊尔北部擦路卡村调查的川喜田，在尼泊尔西北部尼巴调查过的 Levine，在夏尔巴调查过的 Fürer-Haimendorf，都有论述表现父系出身的骨概念和拥有同一种骨的男女之间禁止结婚的内容。

笔者调查过的印度喜马拉雅拉胡尔地区同样有严格遵守拥有同一种骨的男女之间禁止通婚和性交的习俗。如同德西迪利的报告内容，被认为是一种乱伦的行为而严格遵守。

然而，在斯皮提的凯村，虽然以前对骨存在固有名，但现在那些骨名都已被忘却。共有父系出身者相互避忌通婚，这也被限制在家谱上已有的范围内。

拉达克同样也有骨名，但目前已全部被忘却。但被称为帕斯盆的互助家庭联合体是共有同一种骨的群体，此群体目前在社会生活中还有着重要的意义。在帕斯盆内的各家庭未必都是共有父系出身者，但在帕斯盆内部避忌婚姻的意识仍有保留。

另外，在藏斯卡暂无完全忘却这种习俗的现象，但已经不像以前那么强烈了。在年轻人中有些人甚至不知道自己的骨名。而对于帕斯盆依然存在很深远的意义。

根据 Schuler 对尼泊尔西北部与中国国境相近的楚米克地区居住的藏系民族的调查，在楚米克有与以前的首领家谱相连的四种社会阶层，即洪布和世袭性的宗教领袖拉姆切、多数派（占楚米克居民的 70%~75%）的帕巴，以及最下层的嘎拉（有的村落称为林刚或美德库）。楚米克的居民（楚米哇）也有骨和肉的概念，他们认为骨是父亲，肉是母亲那里传过来的。而这种概念只有在最上层的洪布阶层，即被称为库浪的父系亲属集团里才有。多数派的帕巴只会避忌家谱上已有的，这也被限定在曾祖父之后的关系当中。

Schuler 并未提及在楚米克对骨是否有固有名，是否规定外婚这个问题。他推定多数派帕巴的骨不存在严密规定的外婚是因为各骨都有其名称，如果他们严密地规定外婚意识，就不会根据家谱上的关系来认知，直接避忌共有父系出身者之间的通婚。

已失去骨的固有名称概念的斯皮提和拉达克，以及其概念正在退化的藏斯卡地区发生的现象与楚米克相同，即父系亲属之间最终只是在家谱上认定关系时才会避忌通婚。

另一方面，在拉胡尔每个人都明确地记着自己的骨名，拥有同一种骨名者之间的婚姻和性交都会被认为是乱伦行为。在印度喜马拉雅藏民族文化圈中，在地理上最接近印度的拉胡尔地区，其影响也最深刻。而在拉胡尔地区一妻多夫制的频度也很高，像骨和肉这种藏式概念在拉胡尔地区长期维持的现象让人感到很奇妙。

像这种差异虽然不能明确地解释其理由，但骨的忘却的事实却意味着，共有父系出身者之间的婚姻和性交避忌的习俗正在被淡化。

第五节　一妻多夫制

目前，在拉胡尔的嘎登村仍有 40%的家庭是一妻多夫制关系。2000 年，村里一妻多夫制关系中最年轻的男性为 37 岁。假设比他还小的已婚者都是单婚制，拉胡尔实行一妻多夫制的频度还有可能会下降。

其理由（正如1938年罗桑/托库托库与Peter所说的那样）与家族关系的传统价值观的变化也有关系。最大的理由可能是，庆木的男性成员基本上都在外地谋生。

拉胡尔和斯皮提的居民被认定为指定种族,与印度婚姻法的限制对象中一直被排除的居民不同。而1941年以后在查谟/克什米尔邦，一妻多夫制在法律上被禁止。1988年，拉达克和藏斯卡的佛教徒被认定为指定种族时，仍禁止一妻多夫制。

因缺乏拉达克和藏斯卡一妻多夫制频度统计的数据，一妻多夫制在法律上被禁止后产生的影响也无法明确记录。然而，Peter在报告中这样表述：之前在拉达克一妻多夫制以一种社会常态的习俗而持续存在。目前在拉达克和藏斯卡的事例中，一妻多夫制的事例并未根本消失，只是与拉胡尔相比实行频率较低。而在查谟/克什米尔邦的藏文化圈内，可以确定一妻多夫制的实行频度已出现降低的现象。

其原因除了法律禁止一妻多夫制的规定外，例如，在兄弟型一妻多夫制关系中，孩子只认家中最年长的男性为父亲的这种方法也有直接关系。

而在拉胡尔实行的一妻多夫制关系中，各兄弟都是正式的丈夫，孩子们也都认各个兄弟为父亲，而且为了自己的财产能让儿子继承，各个丈夫都可以公平地分配到属于“自己的”儿子。而在查谟/克什米尔邦，一妻多夫制除了不被官方承认外，即使已经形成了一妻多夫制关系，丈夫们在法律上也不会被承认是正式的丈夫或父亲。因此，即使有“分割继嗣”原理，如在一妻多夫制关系中自己并无可以继承财产的孩子（特别是儿子）时，一妻多夫制在实质上会变成与

“长子继嗣”相近的一种制度。这与一妻多夫制要求的分割继嗣原理相互矛盾。

一妻多夫制在法律上的禁止，将会带来其罚规的抑制力（虽然实际效果不太清楚）和实践一妻多夫制内在的某种矛盾。

第六节　Mono-marital 原则的变化

如 Goldstein 所描述的，在藏族地区实行一妻多夫制的主要是想避免因耕地的分割而担负沉重的进贡和劳役义务的自耕农。他们自知自己是村落里最主要的成员，只要践行对领主的进贡和劳役义务，就会有比较大的自治权，可以自由地从事其他经济活动。而在村落内，家中只允许一个世代实行一组一妻多夫制的志向，这是因为需要负担沉重的赋税和维持村落经济与政治构造等社会要求。

本书中反复论述的一妻多夫制的实践，与斯皮提的长子继嗣法都可以说是以 mono-marital 为原则而要求的。

目前，在印度已不存在这种封建体制化的沉重的进贡和劳役的义务。实际上，mono-marital 原则的经济性压力已大幅度地减小。

如上所述，防止家庭分裂的思想体系仍然很强烈。而家的持续不分裂对经济繁荣与维持社会地位是有益的，另外，它也体现出家庭成员圆满的共同生活。

因此，喜马拉雅西部藏族社会中现存的家庭数量出现增加的倾向，可以降低 mono-marital 原则的经济压力。因此，现有的家族关系中传统性思想体系相克而产生的结果导致庆木成员的自由度增加。

拉胡尔人以经济才能促进村外投资、高教育水平，使得在外地供职而出生在村落内的人依然重视家庭经济的繁荣等。因此，在拉胡尔社会中庆木的多个成员已在外地谋生，家庭分裂的事例自然较少。

第七节　父系出身原理的重要性下降

如中根和 Aziz 所述，在藏民族社会中比起父系出身，家（家庭）的概念在社会关系的结点或人们的行动选择上有着重要意义。然而，即使是这样，在某种程度上与日本社会一样，藏族社会也是以父系出身为优先的社会。

在本书研究对象区域里，田地、牲畜和房屋等传统的主要财产只有儿子才能继承。另外，如骨和肉的概念中所见，共有父系出身者之间禁止结婚或性交。父系神（帕拉）是共有父系出身的家庭间共同祭祀的神，而招玛库巴的行为是家里没有直系男性继嗣者时不得已才采取的手段。

然而，在藏斯卡和拉达克的调查中有违背父系出身为优先原则的事例——即使有男性继承者还会招婿的事例。

例如，在拉达克斐杨山谷的姜马尖村，36 户人家中 16 户招有玛库巴。其中 6 户即有男性继嗣者仍然招婿的事例，而且其中 2 户由女儿继承了康巴。在拉达克的曲马淌村，51 户人家中 17 户招有玛库巴，其中 9 户人家有男性继承者仍然招婿。招玛库巴的结局并不等于直接联系到家产分割（9 户中 3 户家庭并没有分割家产），另外，已分割家产组建新家的大部分人家，也都不是康巴，而是康吾，其中只有 1 个事例为康巴。在藏斯卡的萨尼村（57 户）也一样，有男性继承者仍然招玛库巴的事例有 4 户，其中只有 1 户是玛库巴继承了康巴。

另一方面，在拉胡尔的嘎登村与斯皮提的凯村，目前不存在上述事例。

从主要家庭继嗣只限定于男性，而且基于 mono-marital 原则，一个世代内限定一组婚姻的这种藏族传统家族的状态来看，在拉达克和藏斯卡的村落中，女儿分配家产方面已经发生了很大的变化。

为何在藏斯卡和拉达克所在的查谟/克什米尔邦的藏民族文化圈内会出现这样的事例？笔者对此问题没有办法解释。另外，像这种现象是否在拉达克和藏斯卡所有地区普遍存在？这个问题在此也无法做出明确回答。然而，在查谟/克什米尔邦，1941 年就已经禁止实行一妻多夫制，而近期才把藏系居民认定为指定种族（1988 年）。从这一点上可以说，它与允许传统习惯法的喜马偕尔邦藏系居民有着明显的差异。

第八节　康牵与康群

康牵与康群的意思分别是大家和小家。（在拉达克将康牵称为康巴，将康群称为康吾的较多）通常康牵为主家，康群为隐退家或分家的意思。在本书的调查对象里除了普纳姆地区无康牵和康群之分外，其他地区都保持着以隐退家形成康群的习俗。

然而，目前作为隐退家形成康群的频度，在各社会中存在很大的差异。在拉胡尔的脱多（特诺村）基本上无康群的习俗，斯皮提（凯村）的实践频度稍高，而藏斯卡（萨尼村）的实践频度最高。另外，在拉达克的斐杨（姜马尖村）

36 户人家中，以隐退形式形成康吾的只有 1 户，而在印度河上游区域的曲马淌村 51 户中，只有 7 户为隐退型康吾。

尤其是在斐杨的事例中，比较特殊的是，在康巴的成员中达库波不隐退而几代同住的事例在迅速增加。在斐杨的 13 户康巴中，几乎平均都是三代同堂，这比康吾的平均三分之二世代还要多。此内容与 Crook 和 Tsering Shakya 的调查内容相同，在列城郊区也许是最常见的现象。

另外，除了拉胡尔以外的地方，以分家的形式形成康群的事例很明显在增加。形成康群的一种形式为：父母与次子以下的儿子和女儿共住于隐退家，父母去世后，次子以下的儿子或女儿成为户主，形成分家。而另一种则为：长子结婚后，父母以户主的身份留在康牵，次子以下的儿子与女儿以康群的名义分家。

在斯皮提的凯村，8 户隐退型康群中有 7 户为次子以下的儿子、女儿与父母共住的事例，其中 3 户为次子以下的儿子在康群中已结婚。

另一方面，在拉达克的斐杨山谷、姜马尖村 36 户中，21 户为康吾。父母隐退后形成康吾的只有 1 户，其余的都是次子以下的儿子和女儿分配财产后，以分家的形式形成康吾。其中 8 户为给女儿招婿后形成康吾。

在拉达克的曲马淌村 51 户人家中，若干家庭的家谱关系不太明确。至少有 20 户人家的关系不太明确，其中 13 户为分家的形式，即姜马尖村和斐杨的事例中近半数并不是儿子，而是给女儿招婿后分家的事例。

在藏斯卡的萨尼村，2004 年的 57 户中，27 户为康巴，30 户为康群，其中 12 户为隐退型康群。其大部分为父母把康巴让给长子后，与次子以下的儿子和女儿同住，因此，父母去世后不再被康巴吸收而独立分家的可能性较高。

父母把康牵让给儿子夫妇后建立新家的这种康群的形成，应该是为了避免家中共住复数夫妇。因此，康群是一种父母去世后，其家产再次被康牵收回的暂时的存在。

目前，次子以下的儿子在康群内结婚或为女儿招婿而形成永久性分家的事例较多。

这种现象表现在：①防止家庭分裂的这种传统价值观在淡化；②如前所述，特别是在拉达克和藏斯卡地区，并没有继续维持父系出身为优先的原则。

另外，尤其是在列城郊区的村落，一直没有隐退形式。因家长任期的延长，居住在康巴的家庭数量在增加。

根据 Crook 和 Tsering shakya 的表述，像这种给拉达克的家庭带来变化的原因在于就业机会的多样化和法律的变化(一妻多夫制的禁止、继嗣法等)。

第七章 结 论

喜马拉雅西部藏族社会在印度共和国成立之前，一直被以英国政府为首的当地封建领主所支配，而且与中国西藏本土一样保留传统税收体制。当地防止家庭分裂是为了守护家产而持续忍受劳役等多种赋税负担和压力。另外，村里以家为单位被构造化时不允许轻易地分割。一个世代的婚姻关系被限定为一组婚姻的志向，像 Goldstein 指出的 mono-marital 原则，是为了防止原来的家庭分裂而坚持的。在它是父系出身为优先原则的同时，也是本地集体社会结构上的原理。而骨和肉的概念在规定外婚的同时，体现出父系出身为优先的理念。然而，mono-marital 的原则在斯皮提以不实行一妻多夫制而维持严格的长子继嗣制来实现。而其他地区以兄弟分割继嗣与一妻多夫制的结合来实现。因此，以下将长子继嗣为单婚制，分割继嗣为一妻多夫制作为类型而建立。后者还以有无隐退区分为两种类型。如上所述，在拉胡尔，尤其是普纳姆地区没有隐退制度。而在其他地区虽然实践频度不同，但基本上都有隐退制度（见表7–1）。

表7–1 印度喜马拉雅藏族社会的家庭经营方式

<table>
<tr><th>传统家庭的经营方式</th><th>有无隐退制度</th><th>事例</th></tr>
<tr><td rowspan="2">长子继嗣·单婚制</td><td>有隐退制度</td><td>斯皮提</td></tr>
<tr><td>无隐退制度</td><td></td></tr>
<tr><td rowspan="2">分割继嗣·一妻多夫制</td><td>有隐退制度</td><td>拉胡尔(脱多)、藏斯卡和拉达克</td></tr>
<tr><td>无隐退制度</td><td>拉胡尔的普纳姆</td></tr>
</table>

印度共和国成立以后，包括劳役等传统的税收体制都被废除，因此对家庭分割的外在压力大幅度地减轻。特别是在查谟/克什米尔邦，法律禁止一妻多夫制，除了惩罚规则，与孩子们正式承认的只有一个父亲的事实相连，这对一妻多夫制的实践造成障碍。

在法律上从未限制过一妻多夫制的拉胡尔，目前仍有40%的家庭是一妻多夫制关系。另外，只有男性成员才可以继承主要家产，骨和肉的观念也因规定外婚的技能而依然强烈地存在。

另一方面，在斯皮提主要的家产依然只能由男性继承，共有父系出身者之间虽避忌通婚，但对骨和肉的观念没有明确的意识。

在查谟/克什米尔邦的藏斯卡和拉达克的调查显示，存在即使有儿子，女儿仍招婿后分家的事例。而不同的地方存在不同程度的差异，例如，除了骨和肉的观念，连规定外婚的技能都被遗忘了，或者其意义正在渐渐消失等。

总的来讲，藏式 mono-marital 原则，在查谟/克什米尔邦的藏系文化圈内已经发生了很大的变化。父系出身为优先的原理的重要性下降，骨和肉观念的忘却，以及减少一妻多夫制等，这些几乎都在平行地发生着。

而在喜马偕尔邦藏系文化圈内，父系出身依然有优势，mono-marital 原则仍然有强烈的意识。其中在拉胡尔仍然重视家庭经济繁荣的传统意识，以一种企业家精神来维持传统婚姻和家庭经营方式。

通过本书内容可以明确如清水昭俊所描述的家族事态，特别是“家”所拥有的复杂性格。

家的核心是由婚姻和生殖所形成的，有时它会完成教育和生产等任务，在社会中与其他家庭的关系之上实现政治、经济和文化性的意义。而它的多元性使它不得不接受社会政治、经济和文化性的负面影响。

就本书的事例而言，骨和肉按照字面意思基于婚姻制度的血肉化，换言之，拥有牢固的概念和习俗，但它也有随着数世代的变化而被人们遗忘的可能。像一妻多夫制被法律所禁止和其影响中所见，对一种婚姻方式的法律规制导致其社会拥有的传统制度产生根本性的矛盾，进而造成社会价值观动摇的可能性。

另外，如在拉胡尔的事例中所见，传统家庭状态在现代社会中被催化，它有可能以一种不同的味道而其外形不变的方式持续存在。

本书中所举的事例基本上一直在藏族社会研究范围中考察而来。但事实上，目前各社会所拥有的多样性就像被打了马赛克一样。各社会中的家庭状态也随之多样化，特别是在考虑其变化过程中，对于各社会固有状态及多样性家庭的适应方式最为显著。

其原因是印度独立后，原来的社会中所存在的社会习俗和传统的差异，以及地理和历史性的环境差异，在封建体制崩溃后，社会性、经济性的变化和其复杂的过程相互影响的结果。

然而上述之事例，即使不适用于一般家族理论，也并不因为它们与理论不符合而毫无价值。反过来说，家庭所具有的复杂性，依然是人们在社会的变化中不断地拼命生存的主要场地，也是其来源。

本书的调查对象地区本来位于藏文化圈的内侧，但20世纪中期被编入印度国家的体制当中。因此，它经历过复杂的社会变动，这一点是其特征。各个要素虽数不胜数，特别是让人觉得家庭状态所受的重大影响，是因为政治体制的变化，尤其是封建领主支配的终结、纳税系统的变化、藏系居民被认定为指定种族等政策、一妻多夫制的禁止和印度婚姻法的适用、近代学校制度的引入，以及印地语和乌尔都语、英语的普及，还有大众传媒和电影等大众娱乐的普及，随着货币经济的渗透和农作物与经济作物的交换，耕作方法的变化，流通系统的变化，交通网络的完善，外地就业的扩大，教师、军人、警官等公务员就职者的增加，旅游产业的参与计划，投资机会的增加，饮食生活的变化，等等。

这种社会性、经济性和文化性的变化对家的形态观念所产生的影响，并不是一种单纯的因果关系所导致的。这些变化是社会物质性和观念性的各阶层所作用的，因此可以说，家庭成员的意识变化和停滞等，都是经过复杂的过程后才变成现在的形式。

目前的喜马拉雅西部藏族社会中家的状态，当然不是其变化的最终面貌。各社会根据其变化的速度而不断发生变化。此时关注家的状态和其变化，对于在当地生活的人们而言，家的存在拥有切实性，而且今后在研究社会和人的意识变化相关的问题时，也会提供有利的观点。

参考文献

1. 煎本孝.西藏西部，藏斯卡地区的人口和性别比例的村落变迁.日本民族学研究，1981（46）

2. 煎本孝.关于拉达克王国史的人类学研究–历史–生态学视点.国立民族学博物馆研究报告，1986（11）

3. 川喜田二郎.天葬之国.光文社，1950

4. 川喜田二郎.藏族的一妻多夫制（1）.日本民族学研究，1966（33）

5. 河口慧海.西藏旅行记.讲谈社学术文库，1988

6. 清水昭俊.出身论的前线.日本社会人类学年报，1985（7）

7. 清水昭俊.对于家庭/肉体/社会–家族的社会人类学.弘文堂，1987

8. 清水昭俊.家族的自然和文化.弘文堂，1989

9. 山口瑞风.西藏（上/下）.东京大学出版会，1987

10. 利奇·埃德蒙.人类学反思.青木保·井上兼好译.思索

社，1985

11. B.N.阿齐兹.西藏边境家庭.维卡斯，1978

12. P.卡拉斯科.西藏的土地和政治.华盛顿大学出版社，1959

13. A.H.弗兰克.西藏西部史.S.W.Partridge，1970

14. A.H.弗兰克.印度藏族的古代遗物.S.Chand，1962

15. A.H.弗兰克.西藏的历史与民俗文化.Ess Ess Publisher，1979

16. A.H.弗兰克.下拉达克版格萨尔传奇.亚洲教育服务，2000

17. 克里斯托夫·冯·菲雷尔–海门多夫.尼泊尔的夏尔巴人.加州大学出版社，1964

18. 克里斯托夫·冯·菲雷尔–海门多夫.夏尔巴人的变迁.Sterling Publisher，1984

19. 约塞布·格兰.拉达克史.Sterling Publisher，1976

20. 梅尔文·C·戈德斯坦.西藏村落社会的税赋和其结构.中央亚洲学报，1971（27）

21. 梅尔文·C·戈德斯坦.再访帕哈里和西藏的一妻多夫.民族学，1978（17）

22. 梅尔文·C·戈德斯坦,辛迪亚·M·比尔.西藏的兄弟型一妻多夫：社会生物学理论的测试.美国人类学（81）

23. 梅尔文·C·戈德斯坦,辛迪亚·M·比尔.高海拔对喜马拉雅地区生殖力和生育力的影响：神话与现实.尼泊尔研究贡献，1983（10）

24. J·哈钦森，PH·沃格尔.旁遮普希尔州史.喜马偕尔邦语言与文化局，1982

25. 埃德蒙·利奇.一妻多夫制，继嗣与婚姻的定义.人类，

1955 （199）

26. N·E 莱文.西藏社会中 RU 的亲属关系与下层构造的理论.见：菲雷尔·海门多夫编.亚洲高地社会.Sterling Publisher，1981

27. N·E 莱文.一妻多夫的动态.芝加哥大学出版社，1988

28.中根千枝.锡金的多元社会——尼泊尔，印度和锡兰的绒巴族种姓 kin 的相互关系研究.亚洲出版社，1966

29. 彼得，希腊和丹麦的王子.一妻多夫制与亲属关系.1955 年人类（198）

30. 旁遮普政府.Kangra 的地名录，第 2 至第 4 部分，库鲁，拉胡尔和斯皮提.印度河出版社，1994

31. 旁遮普政府.Kangra 的地名录.Sang–E–Meel Publications，2001

译后记

在藏族社会中家庭和婚姻是生活的中心，以此保持经济、文化与社会等活动。人们的衣食住行基本上也都通过家庭和婚姻反映出来。本书以围绕喜马拉雅西部藏族社会的婚姻与家庭方面的四篇论文和一本民族志为基础而写就。作者棚濑慈郎先生是我的硕士及博士导师，2011 年我第一次选读本书内容时，就被作者完善的理论观点与精细的田野调查，以及真实鲜活的案例所感动，当时就有翻译此书之意，但因种种原因耽搁至今才与读者见面。

本书的翻译工作从 2016 年年初开始，至 2016 年年末结束，整整持续了近一年的时间。在此期间，译者一边从事博士论文的资料收集与田野调查，周末还要打工，所以翻译工作一直是断断续续的。虽然花费了大量的时间与精力，但由于水平有限，仍有许多错误及不足之处，衷心希望广大读者批评指正。